AUFSTEHEN UND WEITERGEHEN
Der Weg einer Heilung

von

Manfred Bleckmann

Herausgeber:
SENSEI Verlag, Cannstatter Str. 13
71394 Kernen.

Alle Rechte, auch die des auszugsweisen Nachdruckes, der fototechnischen Wiedergabe und der Übersetzung, nur nach vorheriger schriftlicher Genehmigung durch den Herausgeber. Eine Haftung des Verlags, des Vertriebs und der Autoren für Personen-, Sach- und Vermögensschäden ist ausgeschlossen.

1. Auflage: Juli 2008

ISBN 978-3-932576-74-4

Inhaltsverzeichnis

Information zum Jakobsweg - der Weg der Sterne

Vorwort

St-Jean-Pied-de Port und Wanderung nach Roncesvalles/Oreaga

Etappe 2	Erwartungen von Roncesvalles nach Larrasoaina	10
Etappe 3	Irrungen von Larrasoaina nach Pamplona	12
Etappe 4	Brückenbau von Pamplona nach Puente la Reina	14
Etappe 5	Altershoffnung von Puente la Reina nach Villamayor de Monjardin	17
Etappe 6	Hilflosigkeit von Villamayor de Monjardin nach Los Arcos	19
Etappe 7	Warten von Los Arcos nach Viana	23
Etappe 8	Diagnoseschock von Viana über Logrono nach Navarrete	24
Feiertag	Regentag	27
Etappe 9	Entmannt von Navarretenach Najera	28

Etappe 10	Hahnenschrei von Najera nach Santo Domingo de la Calzada	31
Etappe 11	Berührungsängste von Santo Domingo de la Calzada nach Belorado	34
Etappe 12	Verletzlichkeit von Belorado nach San Juan de Ortega	36
Etappe 13	Mitgeschwommen von San Juan de Ortega nach Burgos	41
Etappe 14	Trostversuche von Burgos nach Hornillos del Camino	44
Etappe 15	Fundsachen von Hornillos del Camino nach Castrojeriz	47
Etappe 16	Verrückt von Castrojeriz nach Frómista	51
Etappe 17/18	Warteschleife von Frómista nach Carrión de los Condes von Carrión de los Condes nach Calzadilla de la Cueza	58
Etappe 19	Materialprüfung von Calzadilla de la Cueza nach Sahagún	63
Etappe 20	Überfordert von Sahagún über El Burgo Ranero nach Leon	65

Etappe 21	Signale von Leon mit dem WM nach Villadangos del Páramo	69
Etappe 22	Dankbarkeit von Villadangos nach Hospital de Órbigo	73
Etappe 23	Raumforderung von Hospital de Órbigo nach Astorga	77
Etappe 24	Wegweiser von Astorga nach Rabanal del Camino	82
Etappe 25	Strahlenschutz Rabanal del Camino Krankentag	86
Etappe 25	Gebete von Rabanal del Camino nach El Acebo	89
Etappe 26	Potenzfragen von El Acebo nach Ponferrada	94
Etappe 27	Obsttag von Ponferrada nach Villafranca del Bierzo	100
Etappe 28	Versprecher von Villafranca del Bierzo nach O Cebreiro	104
Etappe 29	Pilgergeschichten von O Cebreiro nach Triacastela	108
Etappe 30	Wendepunkt von Triacastela nach Sarria	113

Etappe 31	Erkennen von Sarria nach Portomarin	119
Etappe 32	Lebenszelle von Portomarin nach Palas de Reí	123
Etappe 33	Eselsweisheit von Palas de Reí nach Ribadiso	127
Etappe 34	Schutzengel von Ribadiso nach Pedrouzo	131
Etappe 35	Angekommen Pedrouzo nach Santiago	135
Etappe 36	Abschied Santiago de Compostela	142
Etappe 37/38	Regentage von Santiago nach Negreira mit dem WM von Negreira nach Hospital mit dem WM	146
Etappe 39	Liebe von Hospital nach Cabo Finisterra	147

Vorwort

MeinTagebuch über den Jakobsweg ist zu einem Buch geworden. Das war nicht so geplant. Meine Frau hat zwar immer davon gesprochen, den Jakobsweg zu gehen, aber ich habe es ihr nie so recht geglaubt.

Mehr aus Zeitvertreib fing ich an, ein Tagebuch zu führen. Während ich daran schrieb spürte ich, wie eine Veränderung in mir vorging und die letzten zehn Jahre wie ein Film in mir abliefen.

Ein Film über meine Krebserkrankung und die Jahre danach. Es waren Jahre voller Emotionen, die auf einmal nach oben gespült wurden. Ich wollte sie nie wahrhaben und auch nicht darüber sprechen: über die Nachwirkungen meiner Prostata-Operation.

Es gibt nichts Schlimmeres für einen Mann, als impotent zu sein und genau so schlimm ist es, dazu zu stehen und es preiszugeben. Ich möchte mich an dieser Stelle bei meiner Frau bedanken, die mich die ganzen Jahre treu begleitet und mich auf meinem alternativen Weg voll unterstützt hat. Nicht nur dafür liebe ich sie. Sie mit dem Wohnmobil auf dem Jakobsweg zu begleiten, war dagegen eine Kleinigkeit.

Außerdem gilt mein Dank Susanne Petersen, die beim Mallorca-Magazin als Redakteurin arbeitet. Sie hat mich bei der Ausführung unterstützt und mich immer wieder ermuntert, das Buch zu Ende zu bringen. Für sie waren noch einige Fragen offen geblieben, die ich im Nachwort des Buches beantworten werde.

Vor allen Dingen gilt mein Dank dem Sensei-Verlag, denn ohne ihn läge dieses Buch nicht vor Ihnen.

Erinnerungen

Meine Frau Hanne hat sich vor Jahren in den Kopf gesetzt, den spanischen Jakobsweg zu Fuß zu gehen. Meine ganzen Bemühungen, ihr das auszureden waren fehlgeschlagen. Vor zwei Jahren hat sie sich dann in Südtirol den rechten Fuß mehrfach gebrochen und ich dachte, das Thema wäre vom Tisch. Weit gefehlt. Jetzt erst recht.

Es wurde hart trainiert, bis der Fuß wieder belastbar war. Alle möglichen Bücher wurden gekauft, um sich auf den Weg einzustimmen. Das Buch von Hape Kerkeling war gerade der Renner: „Ich bin dann mal weg". Gut und recht realistisch geschrieben, war es im Freundeskreis in aller Munde.

Der Termin für den Start wurde auf Mitte April 2007 festgesetzt. Ich, der im Schlendergang Walking als Sport betreibt, war zum Mitmachen nicht zu bewegen. Da ich meine Frau aber nicht alleine gehen lassen wollte, war ich bereit, sie mit dem Wohnmobil zu begleiten, denn was wir über die Nachtlager gehört hatten (Schlafsäle bis zu 200 Personen) war nicht gerade ihr Ding. Außerdem hatte ich auch keine Lust, sechs Wochen alleine auf unserer Finca zu verbringen.

Am 21. April ging es los. Mit dem Wohnmobil auf die Fähre von Palma nach Barcelona und dann weiter bis nach St-Jean-Pied-de-Port hinter der französischen Grenze. Ab hier beginnt der spanische Jakobsweg. Am Sonntag, den 22. April, sind wir dort angekommen, auf den Campingplatz gefahren und haben uns den Ort angeschaut. Touristik pur.

Das Wetter war traumhaft, 25 Grad, die Sonne schien, weshalb wir beschlossen, schon am Montag den Anfang zu machen. Hanne startete also am 23. April die erste Etappe von St-Jean-Pied-de-Port nach Roncesvalles/Oreaga: laut Reiseführer sind dies acht Stunden und 26 km. Diese Etappe hat es in sich. Nur Berge und es ist ein Höhenunterschied von ca. 1300 m zu bewältigen. Beim Start meiner Frau bin ich etwa einen Kilometer mitgelaufen und war froh, dann aufhören zu dürfen. Ein letztes Winke-winke, und ich ging zurück zum Wohnmobil, um in aller Ruhe alles klar zu machen. Im Schneckentempo bin ich dann zum Etappenende, zum Kloster in Roncesvalles/Oreaga, gefahren, um dort auf meine Frau zu warten.

Während ich auf sie warte, kommt mir der Schlager von Xavier Naidoo in den Sinn: „Dieser Weg wird kein leichter sein, dieser Weg wird steinig und schwer", und ich denke zehn Jahre zurück.

Im Februar 1997 ging ich in Palma zur Vorsorgeuntersuchung. Routine, wie ich dachte. Die Prostata wurde abgetastet, und es wurde Blut abgenommen, um den PSA-Wert (Tumormarker) festzustellen. Routine halt eben, bei mir wird man nichts feststellen, ich bin gesund. Nach 5 Tagen war das Ergebnis des PSA-Tests eingetroffen: PSA 28. Ich saß wieder beim Arzt. Es war ein traumhafter Tag, die Sonne schien, und es war bestimmt 25 Grad warm. Dann die Diagnose. Verdacht auf ein Prostatakarzinom. Ich musste meine Frau fragen: „Was ist ein Karzinom?" Als wir die Praxis verließen, schien die Sonne immer noch, nur die Wärme war irgendwie kälter.

Mein Handy schreckt mich auf. Es ist meine Frau. „Wo bist du?" Sie hat diese Etappe tatsächlich in der angegebenen Zeit geschafft. Starke Leistung. Wir treffen uns am Kloster und trinken in der Abendsonne einen Cafe-con-leche. Die erste Hürde ist genommen und wir sitzen gemütlich vor unserem Wohnmobil, um zu essen.

24. April 2007
Zweite Etappe von Roncesvalles Orreaga nach Larrasoaina.
8 Stunden, 26 km, 400 m Höhenunterschied.

Erwartungen

Meine Frau macht sich um neun Uhr auf den Weg. Sie ist nicht alleine. Wir sehen Reiter, Pilger mit einem Esel, Radfahrer und natürlich Pilger zu Fuß. Hanne hatte sich in der Pilgerherberge gestern ihren Stempel abgeholt und dabei den Schlafsaal gesehen. Etwa hundert doppelstöckige Betten. Wir haben gehört, dass sie alle belegt waren. Ich mache mich mit dem Wohnmobil auf den Weg nach Larrasoaina. Komme so gegen 13 Uhr an und fahre direkt mitten im Ort zur Herberge. Sehe um die 25 Pilger schwitzend davor sitzen, die darauf warten, dass die Herberge geöffnet wird. Ein Schild zeigt 16.30 Uhr an. Sie waren bestimmt schon seit morgens fünf oder sechs Uhr unterwegs, nur um für diesen Tag wieder eine Schlafstätte zu finden.

Es ist erstaunlich, wie viele den Jakobsweg gehen. Es ist auch heute ein Traumtag, die Sonne scheint, und wir hatten bestimmt wieder 25 Grad.

Auch die Tage nach meiner Diagnose „Verdacht auf Prostatakrebs" waren sonnig. Was wusste ich eigentlich über diese Krankheit? Mein Schwiegervater war an Prostatakrebs gestorben. Zum Schluss war der Darm befallen und er bekam einen seitlichen Ausgang. Anderthalb Jahre später starb er an seinem Krebs. Von Julius Hackethal war mir noch der Ausspruch bekannt: Prostatakrebs ist ein Haustierkrebs, wenn man ihn reizt, wird er zum Raubtierkrebs.

Sollte ich wirklich Krebs haben? Die Angst kroch langsam in mir hoch. Krebs ist eine tödliche Krankheit. Bei Früherkennung liegt die Überlebensrate in den ersten fünf Jahren bei 80 Prozent. Was hatten wir nicht alles für Pläne. Wir hatten in Deutschland alles aufgegeben. Wollten frei sein, um reisen zu können. Wir waren mit unserer Segelyacht auf Mallorca gelandet und hatten vor, uns einfach treiben zu lassen. Die Wirklichkeit hatte uns auf einmal eingeholt. Auf Anraten des Arztes soll ich einen Urologen in Deutschland aufsuchen.

Ich sehe die Pilger und denke: Wie sich die Bilder gleichen. Nicht nur ich, sondern 420.000 Neuerkrankte warten jedes Jahr auf ein Bett, um dann den Weg der heutigen Krebstherapie weiterzugehen.

In diesem Moment sehe ich meine Frau kommen. Sie winkt, ist geschafft, aber guter Dinge. In ihrem Tagebuch lese ich später „Durch Städte solltest du hocherhobenen Hauptes gehen, um den Weg zu finden."

Wir sind dann auf diesem Platz stehen geblieben und ließen den Tag bei einem guten Essen im Restaurante ausklingen.

Steiniger Weg

25.04.2007:
Etappe von Larrasoaina nach Pamplona,
4 Std., 15 km.

Irrungen

Wir konnten uns morgens Zeit lassen. Es waren ja nur vier Stunden. Ich habe festgestellt, dass ich das Stromkabel meines Laptops vergessen hatte und war total verzweifelt. Ich wollte ja am Laptop arbeiten. Meine Frau versprach mir, wenn sie in Pamplona angekommen ist, treffen wir uns und gehen dann auf die Suche.

Das wollte ich mir dann doch nicht nehmen lassen. Meine Frau spricht sehr gut Spanisch, und ich wollte es ja lernen. Also machte ich mich auf den Weg nach Pamplona. Wo war der nächste Computerladen in Pamplona? Ich hatte keinen blassen Schimmer. Also habe ich nach dem Centro Comercial, dem Einkaufszentrum, gefragt. Und es dann auf Anhieb gefunden. Leider gab es dort keinen passenden Umformer von 220 auf 12 Volt. Man wies mich auf ein anderes Centro Comercial hin. Auch das habe ich gleich gefunden. Ich werde immer besser. Dieser Laden hatte zwar auch kein Kabel, aber man wies mir den Weg, bis ich endlich das richtige Geschäft vor mir sah, das PC-Center. Dort gab es wirklich alles. Gleich in der Nähe war auch ein Aldi-Laden, so dass ich gleich anschließend einkaufen konnte.

Alles geschafft. „Auch kleine Erfolge machen glücklich." Jetzt aber schnell in die Altstadt, um Hanne zu treffen. Auf halbem Wege rief sie schon an und fragte, wo ich bliebe. Ich stellte fest, dass ich bereits auf dem Camino war, musste allerdings etwas herumkurven, um einen Parkplatz zu finden. Wir haben uns dann ohne großes Suchen getroffen und die nächste Tapas-Bar angesteuert, um eine Kleinigkeit zu uns zu nehmen. Danach sind wir auf den Campingplatz gefahren. Bei einem Glas Rotwein ging der Tag zu Ende.

Meine Gedanken kreisten wieder, und ich dachte an zehn Jahre vorher. Wie war das mit der Sucherei? Welchen Urologen sollte man aufsuchen, wenn man keinen kennt? Welcher ist gut? Wo fühle ich mich gut aufgehoben? Ich erinnerte mich an einen Professor aus Mülheim, der mich vor zehn Jahren operiert hatte. Er war noch im selben Krankenhaus tätig, und ich erreichte ihn. Er verwies mich an ein Krankenhaus in Essen. Ich bekam auch innerhalb von 14 Tagen direkt einen Termin. Also Flug gebucht und gewartet. Ob das ein Erfolg war, wird sich noch herausstellen.

Plaza in Pamplona

26.04.2007:
Etappe von Pamplona nach Puente la Reina,
7 Std., 23 km.

Brückenbau

Hanne heute morgen mit dem Wohnmobil vom Campingplatz nach Pamplona gebracht. Sie will ja da den Weg fortsetzen, wo sie aufgehört hat. Ich gehe noch in aller Ruhe einen Kaffee trinken und setze mich dann ans Steuer, um ganz gemütlich nach Puente la Reina zu fahren. Das Wetter wird langsam schlechter, es ist wolkig, und zwischendurch regnet es auch. In Puente la Reina parke ich am Pilgerweg und sehe sie ziehen, die Peregrinos zu Pferde, auf dem Fahrrad und zu Fuß. Alle kommen über diese berühmte Brücke. Ich rufe ihnen ein „Buen Camino" zu und gehe hinüber, um in die Altstadt zu kommen.

Ich denke so bei mir, während ich nachdenklich über die Brücke gehe, Verdacht auf Prostatakrebs. Welche Brücke kann man sich da bauen? Es wird schon nicht so schlimm sein. Auch Ärzte können irren. Gott wird es schon nicht zulassen. Komisch, auf einmal denkt man an Gott. Ich sehe in den Gesichtern unserer Bekannten den wissenden, tröstenden Blick, den ich selbst auch immer hatte, wenn ich von einem Menschen hörte: Diagnose Krebs. Meine Frau versucht mich so gut wie möglich zu trösten. Eine tiefe Hoffnungslosigkeit überfällt mich, und ich warte auf den Termin. Ich habe die Brücke überschritten und komme zu dem Schluss: es gibt keine Brücke, die man sich bauen kann.

Ich schaue auf die Uhr. Es ist schon 14.30 Uhr. Jetzt aber ab zum nahe gelegenen Campingplatz, der rund fünf Kilometer entfernt liegt. Er war geöffnet, Gott sei Dank. Die Dame an der Rezeption fragte mich nach allen möglichen Clubs, um mir Prozente geben zu können. Leider war ich in keinem Club, als ich ihr aber erzählte, meine Frau gehe den Jakobsweg, brauchte ich für sie die Übernachtung nicht zu bezahlen. Eine liebe Geste.

Campingplatz nähe Puente Reina

Schnell auf den zugewiesenen Platz gefahren, alles ausgepackt. Liegestühle und den Tisch aufgestellt und erst einmal hingesetzt. Ich sitze gerade zehn Minuten, da ruft meine Frau von Puente la Reina an. Ich bin schon da, wo bist du? Ich lade die Vespa ab und sage zu ihr, ich hole dich ab. Wir treffen uns an der Brücke. Eine gute

Partnerschaft ist wie eine Brücke. Es bedarf zweier starker Pfeiler, und der hängende Teil sollte nicht zu groß sein, damit er nicht einstürzt.

Ihre Etappe hatte es in sich. Grauer Himmel, Matschweg bergauf und Geröllweg bergab. Regen, Schweiß und zwei blaue Fußnägel. Dafür entschädigte sie eine überwältigende Landschaft. Auf dem Campingplatz dann ausgiebig duschen und wieder Mensch werden. Danach haben wir kurz gegrillt und zu Abend gegessen, dann schnell die Stühle und Tische wieder eingepackt, denn es fing an zu regnen.

Brücke von Puente Reina

27.04.2007:
Etappe von Puente la Reina nach Villamayor de Monjardin,
8 Std., 27 km.

Altershoffnung

Hanne hatte ich mit der Vespa nach Puente la Reina gebracht. Sie will halt nicht mogeln. Ich bin zurückgefahren und habe einen Putztag eingelegt. Gegen Mittag bin ich dann vom Campingplatz gefahren. Die Sonne scheint, aber es ist verdammt kalt geworden. Der Himmel zieht sich immer mehr zu. Die Hoffnung, dass es nur nachts regnen würde, war wirklich nur eine Hoffnung. Hanne hat heute eine schwierige Etappe vor sich, die durch den Regen auch nicht leichter wird. Sie hat sich vorgenommen, jeden Tag einem anderen Menschen zu widmen. Ich bin wetterfühlig, und bei jedem Tief geht meine Psyche in den Keller, weshalb ich mich nur mit dem heutigen Tag beschäftige. Der morgige kommt auch ohne mich.

Das waren auch meine Gedanken, als ich auf den Termin in Deutschland wartete. Die Welt dreht sich auch ohne mich weiter. Auf einmal fängt man an, über das Leben nachzudenken. Die Menschen werden laut Statistik immer älter. Der Mann soll fast 80 Jahre alt, das Rentenalter aus diesem Grund auf 67 Jahre hochgesetzt werden. Ich bin 53 Jahre. Wer bastelt da eigentlich an den Statistiken herum?

Ich fahre weiter nach Villamajor de Monjardin. Warte dort auf meine Frau, während ich am Laptop mit Hilfe einer CD Spanisch lerne. Die acht Stunden müssten so langsam vorbei sein. Ich gehe ihr einfach mal entgegen, überrede unseren Hund mitzukommen und begebe mich in entgegengesetzter Richtung auf den Camino. Nach etwa 15

Minuten kommt der Anruf. Wo bist du? Nach kurzer Standortfindung haben wir uns dann am Kloster Irache getroffen.

Dabei passieren wir die Weinkellerei Irache mit dem schönen Pilgerbrunnen. Dieser Brunnen spendet nicht nur kühles Wasser, sondern auch einen ganz ausgezeichneten Rotwein. Wir haben uns eine kleine Wasserflasche mit Rotwein gefühlt und nachdem wir gefragt haben, können wir sogar am Kloster mit unserem Wohnmobil übernachten. Wir haben weinselig geschlafen.

Wein u. Wasserbrunnen in Irache

28.04.2007:
Von Villamayor de Monjardin nach Los Arcos.

Hilflosigkeit

Meine Frau begibt sich um neun Uhr auf den Weg. Es ist noch trokken, aber der Himmel sieht nach Regen aus. Es ist Samstag, und das Wochenende steht vor der Tür. Unsere Lebensmittelvorräte gehen langsam zur Neige. Ich mache mich also auf den Weg nach Villamayor. Gestern habe ich gesehen, dass es dort einen recht großen Supermarkt gibt. Es fängt an zu regnen, und der Tag ist mehr als grau. Ich fahre mit dem Wohnmobil auf den Parkplatz, nehme einen Euro und gehe zu den Einkaufswagen. Schiebe eine Münze in den Schließmechanismus. Der Euro bleibt stecken. Zerre und drücke, bis ich den Euro wieder herausbekomme. Verdammt, der Tag fängt ja gut an. Endlich einen Wagen gefunden, bei dem der Schließmechanismus funktioniert. Der Wagen und ich schieben uns in Richtung Eingang. Ich stelle fest, ich habe einen Billigmarkt getroffen. Menschen über Menschen, in den Reihen passen gerade mal zwei Einkaufswagen nebeneinander.

Nicht nur ich werde nervös, sondern die anderen auch. Man kommt nicht mehr durch, muss Umwege fahren, lässt den Wagen stehen, sucht verzweifelt in den Gängen nach Lebensmitteln, stellt sich an der Wursttheke an. Suche fast vergeblich den Rollenkasten mit den Nummern. Zwischendurch haben schon wieder drei Leute ihre Nummer gezogen, und ich stehe mehr als hilflos herum. Aber es geht mir nicht alleine so. Irgendwie sehen die Menschen orientierungslos aus und verhalten sich auch so. Ich bin also der sechste an der Wursttheke, nur um 150 Gramm Schinken zu kaufen, und alle vor mir kaufen und kaufen, als wenn jeder eine Großfamilie hätte. Wie schafft meine Frau das eigentlich?

Übernachtsplatz Monasterio Irache

Endlich, ich habe alles gefunden und den Einkaufswagen für das Wochenende gefüllt. Wieder an der falschen Kasse angestellt. Der Scanner funktioniert nicht richtig. Die Kassiererin muss die Preise erfragen, es dauert und dauert.

Puh, endlich draußen. So hilflos habe ich mich lange nicht mehr gefühlt. Diese Orientierungslosigkeit und die Hilflosigkeit erinnern mich wieder an meine Krankheit. Wie es damals, vor zehn Jahren, war.

Die Tage bis zu dem Arzttermin waren erst schleppend langsam und dann immer schneller vergangen, und die Reise nach Deutschland stand an. Mit gemischten Gefühlen flogen meine Frau und ich nach Düsseldorf, um den Termin im Marienhospital in Essen-Altenessen wahrzunehmen. Ja, ich erinnere mich genau. Es war ein Montag, 11 Uhr. Hilflos stehe ich an der Aufnahme, meine Frau erledigt die Formalitäten. Erst einmal warten. Dann ist es soweit. Zuerst geht es zur Urinabgabe und Blutabnahme. Der zuständige Professor stellt sich vor und sagt mir, wir müssten erst einmal eine Gewebeprobe entnehmen und die pathologisch untersuchen lassen.

Ich merke, wie ich eine Gänsehaut bekomme. Es gibt nichts Schlimmeres als ein steriles Krankenhaus. Welchen Weg habe ich beschritten? Ich habe mich in anderer Leute Hände begeben, was eigentlich gar nicht meine Art ist. Okay, ich will ja Gewissheit haben, und ab auf den Stuhl. Da wir gerade dabei sind, wird auch direkt eine Blasenspiegelung vorgenommen, um zu sehen, ob die Blase befallen ist.

Hoppla, für den Professor war bereits schon klar: Ich hatte Prostatakrebs. Was braut sich da zusammen? Wie beim Wetter, die Wolken wurden immer dichter und schwärzer.

Ich merke, wie ich im Regen stehe. Ach ja, ich stand ja auf dem Parkplatz vor dem Supermarkt. Bin schon ganz nass geworden. Schnell die Lebensmittel aus dem Einkaufswagen ins Wohnmobil geräumt.

Ich habe schon wieder die Zeit vertrödelt und fahre im Regen langsam nach Los Arcos. Ich komme in Villamajor vorbei und möchte mir die Kirche anschauen, fahre in die Ortschaft und muss feststellen: Das Wohnmobil ist zu groß. Muss dann wieder zurücksetzen und fahre mir dabei das rechte Rücklicht kaputt. Scheißtag. Ich fahre dann weiter nach Los Arcos und warte dort auf meine Frau, sitze wieder vor meinem Laptop und habe die spanische CD eingeschoben. Mein Handy klingelt. Ich zucke zusammen. Meine Frau hat ihre Etappe wieder geschafft. Wir verabreden uns in der Innenstadt an der Kirche, wo wir uns dann auch treffen. Ich sehe sie in ihrem gelben Regencape kommen, die Mütze tief ins Gesicht gezogen. Nasse Schuhe vom Regen, und sie strahlt mich an. In ihr Notizbuch hat sie geschrieben: „Grauer Himmel, Regen, Matsch ohne Ende, aber alles grün, soviel blüht. Regen im Gesicht. Danke für jeden Tag." Sie zeigt mir die Bilder, die sie gemacht hat und ich frage mich: Was ist bei mir verkehrt gelaufen? Wir hatten doch beide denselben Tag. Ach ja, ich hatte ja wie immer bei diesem Wetter mein psychisches Tief.

Ankunft im Regen in Los Arcos

29.04.2007:
Sonntag. Etappe von Los Arcos nach Viana.

Warten

Der Übernachtungsplatz war schlecht gewählt, direkt neben einer Zubringerstraße zur Autobahn. Wir konnten keinen richtigen Schlaf finden. Während ich wach liege, denke ich wieder an die Zeit zurück. Auch nach den Voruntersuchungen konnte ich keinen Schlaf finden. Was ist, wenn die Gewebeproben positiv sind? Wie lange habe ich noch zu leben? Es kann jetzt noch nicht alles zu Ende sein. Ich will leben, leben, leben. Endlich, die Nacht ist um. Hanne hat sich wie üblich wieder gegen neun Uhr frohen Mutes auf den Weg gemacht. Es regnet und ich bin froh, dass ich nicht mitlaufen muss. Wir wollten abends auf einen Campingplatz, daher bin ich bis nach Logrono gefahren. Dort war einer geöffnet, leider nichts für uns. Unser Wohnmobil war zu groß. Also ging es zurück nach Viana, um dort auf Hanne zu warten. Nachmittags traf sie ein. Das Wetter hatte sich gebessert. Es war heiter bis wolkig. Schließlich haben wir einen ruhigen Stellplatz im Industriegebiet gefunden.

Matschig, matschig, matschig

30.04.2007:
Von Viana über Logrono nach Navarrete.
6,5 Std., 23 km.

Diagnoseschock

Heute morgen ist es endlich trocken. Hanne geht gegen 10 Uhr los. Ich muss wieder einkaufen, diesmal in einem Einkaufszentrum bei Carrefour, ein sauberer Laden, alles picobello. Dann bin ich nach Logrono gefahren, um mir die Stadt anzusehen. Habe dort leider keinen Parkplatz gefunden und bin weitergefahren bis nach Navarette. In Stadtnähe einen Standplatz gefunden und wieder geschrieben und Spanisch gelernt. Die Sonne scheint, aber es ziehen dicke Wolken auf. Gegen 15 Uhr, Hanne ist schon fast in Navarrete, ein Blitz und ein gewaltiger Donnerschlag. Ich zucke förmlich zusammen und ziehe den Kopf ein. Es regnet auf einmal wie aus Eimern. Ich denke an meine Frau, wie sie im Regen steht, und dass das Wetter wie das Leben ist. Wie vor zehn Jahren.

Wir sahen, wie Wolken aufzogen, und der heitere Himmel immer dunkler wurde, aber wir glaubten oder hofften wenigstens, dass das Gewitter vorbeizieht. Wie ein Donnerschlag traf mich das Ergebnis meiner Gewebeproben. Alle zwölf von Krebs befallen. Der Arzt erklärte uns freundlich: Es gibt nur die Radikal-Operation, die operative Entfernung eines Krebsherdes mit seinen wurzelartigen Ausläufern in die Lymphbahnen. Die technische Durchführung sieht so aus: „Ausschneiden im Gesunden: Erstens ringsum mehrere Zentimeter entfernt von der Geschwulstgrenze. Zweitens Lymphbahn-Ausräumung bis mindestens zur ersten Lymphknotenstation. Über die Technik wurde nicht mehr gesprochen.

Aber vorher noch eine CT machen und ein Knochen-Szintigramm, um sicher zu gehen, dass nicht noch andere Organe befallen sind. Auf einmal kam Hektik auf, und die Untersuchungen wurden noch am selben Tag durchgeführt. Ich kam gar nicht so richtig dazu, die Diagnose zu verarbeiten. Als wir dann Zeit fanden, am späten Nachmittag etwas zu essen, konnte ich meine Tränen nicht mehr zurückhalten. Ich heulte wie ein Schlosshund. War es das? Adios, du schöne Welt. Ich habe doch noch soviel tun wollen.

Wie hat Xavier Naidoo gesungen: Das Leben bietet so viel mehr. Nicht mehr für mich. Nicht nur ich, sondern auch meine Frau stand im Regen. Man hatte keine Gelegenheit, sich irgendwo unterzustellen.
Die CT und das Knochen-Szintigramm waren negativ. Gott sei Dank. Nun war klar, die Radikaloperation stand an, um zu verhindern, dass der Krebs sich ausbreitet. Der Professor erklärte uns die Operationstechnik und wies uns darauf hin, dass der Mann in den meisten Fällen impotent wird, er aber versuchen möchte, potenzerhaltend zu operieren.

Ich schaute meine Frau an. Was hält und verbindet eine gute Partnerschaft? Ich dachte wieder an die Brücke. Es sind zwei Träger oder Seile, die die Stützen verbinden. Die Verbindung in der Partnerschaft besteht auch aus zwei Trägern, nämlich der Liebe und dem Sex. Einer unserer Träger soll nun durchtrennt werden. Hält unsere Liebe allein die Brücke? Alles in mir schreit auf, und ich denke, der Arzt, der da vor mir sitzt, ist doch auch ein Mann. Er muss doch wissen, was das für einen Mann bedeutet. Gibt es nur diesen Weg? Gibt es keine Alternative?

Die Freunde und Bekannten, mit denen ich im Vorfeld gesprochen hatte, waren alle der gleichen Meinung. Es gibt nur diese Möglichkeit, wenn ich leben will. Und ich will leben. Der Professor hat auch schon am kommenden Montag einen Operationstermin frei. Ich wurde in meinen Gedanken vom Handy unterbrochen. Meine Frau: „Ich bin hier in der Pilgerherberge und hole mir meinen Stempel ab. Wo finde ich dich?" Sie war vollkommen nass geworden. Wir trafen uns im Ort und gingen eine Tasse Cafe con leche trinken. Es regnete, und es sah immer noch alles trostlos aus.

Etwa drei Kilometer von Navarrete entfernt war ein Campingplatz, den wir dann aufsuchten, um zu übernachten.

Zwischenstation um den Pilgerstempel zu bekommen in Logrono

01.05.2007:
Feiertag, Tag der Arbeit

Regentag

Wenn man meint, es kann nicht schlimmer kommen, dann erst recht. Die ganze Nacht hatte es geschüttet. Der Regen prasselte gegen unser Wohnmobil, und am Morgen ging es weiter. Nach dem Frühstück haben wir Kriegsrat abgehalten. Sollte meine Frau heute wirklich auf den Jakobsweg gehen? Im Reiseführer stand: bergige Strecke auf Feldwegen. Bei Regen verschlammt und rutschig, also gefährlich. Es regnete nicht nur. Es waren Wolkenbrüche. Also beschlossen wir: Wir bleiben heute auf dem Campingplatz. Am späten Nachmittag hörte es auf zu regnen und Hanne hatte ein schlechtes Gewissen, dass sie nicht gelaufen ist.

Sie geht diesen Weg wirklich mit Freude. Aber es war gut so. Wir haben später von anderen Pilgern gehört, die an diesem Tag gelaufen waren, dass es fast unmenschlich war. Nicht nur glatte verschlammte Wege, sondern dazu Sturm, Regen und Hagel.

Ruhetag in Navarrete

02.05.2007:
Von Navarrete nach Najera,
5 Stunden, 16 km.

Entmannt

Der starke Regen hatte nachgelassen, es nieselte nur noch etwas. Wir wollten aber auf Nummer Sicher gehen und fuhren nach Logrono zurück, um für Hanne noch Regensachen zu kaufen. Es waren ja heute nur fünf Stunden zu laufen. Dann habe ich Hanne wieder nach Navarrete zurückgefahren, so dass sie ihren Weg von dort aus fortsetzen kann. Ich bin dann noch mit unserem Hund über den Minimarkt durch den Ort gelaufen und wollte eine Tasse Kaffee trinken gehen. Leider habe ich kein Cafe gefunden, dass Stühle draußen stehen hatte. In Spanien darf kein Hund mit ins Café oder Restaurant.

Auf nach Najera. Das Wetter klarte auf, und es schien sogar teilweise die Sonne. In Najera hatte ich bald einen großen Parkplatz in der Innenstadt gefunden. Alles bestens. Ich wollte gerade aussteigen, da kam schon ein Polizist auf mich zu und machte mich sehr freundlich darauf aufmerksam, dass ich auf keinen Fall hier übernachten könnte, denn morgen früh würde ein großer Markt aufgebaut. Ein Glück, denn ich hatte diesen Parkplatz schon als Übernachtungsplatz in Erwägung gezogen.

Aber erst einmal wollte ich einen Kaffee trinken gehen. Nicht weit entfernt war auch schon ein Café. Ich habe mich gemütlich hingesetzt, Beine hoch, als wenn ich die Etappe gelaufen wäre, und genoss es einfach, in der Sonne bei einer Tasse Kaffee zu sitzen. Dann habe ich mich mit zwei jungen Frauen unterhalten, die am Nachbartisch saßen und ebenfalls einen Hund dabei hatten. Ja, ja, Hunde verbinden. Außerdem habe ich so zehn Minuten kostenlosen Spanischunterricht erhalten.

Der Himmel zog sich langsam zu, so dass ich mit unserem Hund auf Stellplatzsuche ging. Nicht nur der Hund musste bewegt werden, sondern auch sein Herrchen. Während wir bewegungsarm durch den Ort liefen, kam meine Frau mir in Begleitung von Johann aus Österreich entgegen. Johann war mit einem Rucksack von mindestens 15 Kilo bepackt. Er war 70 Jahre alt, sah aus wie 60, war fit wie ein Turnschuh und läuft jeden Tag 40 Kilometer.

Just nach dieser Aussage holte mich mein Tief, es war plötzlich einfach da, wieder ein. Mit 53 Jahren war ich zwar nicht so fit wie Johann, aber ich war noch ganz gut dabei, fühlte mich gesund und voller Tatendrang.

Nun dies. Laut Arzt war die Operation gut verlaufen. Ich hatte zwar vier Liter Blut verloren, lag zwei Tage auf der Intensivstation und fühlte mich schlapp wie ein nasser Waschlappen, aber der operierende Arzt war zufrieden. Wenigstens er hatte ein gutes Gefühl.

Nachdem ich wieder einigermaßen klar denken konnte: Arztbesprechung. PSA-Wert Null, voller Erfolg. Potenzerhaltend konnte nicht operiert werden, dafür waren zusätzlich noch 17 Lymphnoten sicherheitshalber entfernt worden. Die positive Nachricht: keiner der Knoten war befallen.

Das mit der Inkontinenz wird sich noch herausstellen, wenn der Katheter entfernt wird. Bingo, es ist das eingetroffen, was ich befürchtet habe. Hauptsache, der Arzt ist zufrieden. Meine Gedanken kommen wieder zurück in die Gegenwart. Ich gebe

Johann die Hand, und wir begrüßen uns. Ich denke kurz, was hätte sich meine Frau alles ersparen können, wenn sie sich getrennt hätte. Ich bin froh, dass sie es nicht getan hat. Den Jakobsweg gehen viele alleine, um zu sich zu finden. Auf dem Weg der Krankheit ist man froh, nicht alleine zu sein.

Wir verabschieden uns von Johann, gehen in die Altstadt und schauen uns die Kirche an. Mannsgroße Statuen, denen man die Köpfe abgeschlagen hatte. Man sagte uns, die Soldaten Napoleons hätten so gehaust. Ich stelle mir in Gedanken vor, wie die Soldaten zu Pferd den Kreuzgang entlang ritten und mit ihren Säbeln zuschlugen. Es mussten, wie auch heute im Krieg, Köpfe rollen.

Wir sind zurück zu unserem Wohnmobil gegangen und begaben uns auf Stellplatzsuche. Kommen an der Pilgerherberge vorbei und sehen Massen von Pilgern, die noch ein Quartier für die Übernachtung suchen. In diesen Herbergen kann man für wenig Geld über Nacht bleiben. Sie bestehen meistens nur aus doppelstöckigen Betten. Um 22 Uhr wird zugeschlossen und morgens um 7.30 Uhr muss man die Herberge verlassen haben. Ja, ja, Pilgern ist kein Urlaub. Die Alternative ist das Hotel, was natürlich erheblich teurer ist.

Wir haben auf jeden Fall unseren Platz gefunden und herrlich geschlafen.

03.05.2007:
Von Najera nach Domingo de la Calzada, 6 Std., 21 km.

Hahnenschrei

Heute Morgen wollen wir uns etwas Gutes gönnen und fahren in Najera in die Stadt, um in einem Hostal zu frühstücken. Wir kommen wieder an der Pilgerherberge vorbei und sehen noch, wie die letzten Pilger sich auf den Weg machen. Ohne Frühstück. Wir suchen und suchen. Um diese Uhrzeit hat noch keine Bar auf. Ein Hostal hat auf. Also nichts wie rein. Alle Tische sind mit voll bepackten Pilgern besetzt. Wir kämpfen uns durch die Rucksäcke und finden in der äußersten Ecke einen Tisch mit zwei Stühlen, bestellen uns jeder einen Cafe con Leche und ein Boccadillo – belegtes Brötchen – mit Käse. Der Brotmacher ist total überfordert. Kein Wunder bei diesen vielen Pilgern. Endlich kommt eine halbe Stange Weißbrot, mit Käse belegt. Nicht nur das Brot, sondern auch der Käse ist trocken. Bei der zweiten Tasse Kaffee haben wir das Bocadillo dann endlich geschafft.

Jetzt aber nichts wie los. Hanne muss sich auf den Weg machen. Als letzter Pilger hat sie den Weg ganz für sich alleine.

Ich mache mich mit dem Wohnmobil auf den Weg, fahre direkt nach Santo Domingo de la Calzada. Fahre kreuz und quer durch den Ort und bleibe in der Nähe des Caminos stehen und suche mir ein Cafe. Ich lese unseren Reiseführer und stelle fest, dass die Kirche eine echte Sehenswürdigkeit aufzuweisen hat, nämlich einen Hühnerkäfig. Er steht erhöht an der südlichen Westwand und beherbergt einen Hahn und eine Henne. Wenn der Hahn kräht, während man in der Kathedrale ist, bringt das Glück für die Pilgerfahrt. Die Geschichte darum ist die, dass ein Pilgersohn des Diebstahls bezichtigt und gehängt wurde. Die Pilgereltern klagten in Santiago dem Apostel ihr Leid. Als sie zurückkamen, stellten sie fest, dass der Apostel die ganze Zeit den Pilgersohn hochgehalten hat, so dass er noch lebte. Die Eltern erzählten dem Bischof die Geschichte, der gerade dabei war, einen gebratenen Gockel und eine Henne zu verspeisen.

Ungläubig sagte er, wenn das stimmt, dann wachsen diesen Tieren hier Flügel. Und siehe da, dem Hühnerpaar wuchsen Flügel, der Hahn krähte, und beide flogen von den Tellern auf.

Nachdenklich legte ich den Reiseführer auf die Seite und denke an meinen Krankenhausaufenthalt. Gerupft, d. h. rasiert und ausgenommen fühlte ich mich nach meiner Operation auch. Wo ist das Wunder, dass mir wieder Flügel wachsen? Es ist nicht eingetreten. Ich denke an die biblische Geschichte, in der bei Samson, als seine Haare wieder nachgewachsen waren, die alte Kraft zurückkehrte. Märchen, alles nur Märchen. Die Wirklichkeit sieht anders aus. Meine Frau besucht mich jeden Tag im Krankenhaus und kümmert sich liebevoll um mich. Hauptsache, ich lebe. Auch ohne Federn.

Warum drehen sich meine Gedanken so oft um meine Krankheit? Ich bin doch auf dem Jakobsweg. Vielleicht, weil die Wege sich gleichen. Der Weg ist kein leichter, er ist steinig und schwer.

In diesem Moment geht das Telefon. Eine Frau ruft wegen ihres Mannes an, der Prostatakrebs hat. Er ist bereits operiert und in schulmedizinischer Behandlung, möchte nebenbei aber auch den alternativen Weg gehen. Warum ruft er nicht selbst an? Beide Wege zu gehen, ist etwa so, wie wenn ich sage „Ich glaube zwar nicht an Gott, aber sicherheitshalber gehe ich in die Kirche, um eine Kerze anzuzünden. Man kann ja nie wissen." Dieser Spagat gelingt den wenigsten.

Eine halbe Stunde später geht wieder das Telefon. Meine Frau. Es ist schön, ihre Stimme zu hören. Ich bin gleich da, wo stehst du? Schnell den Treffpunkt vereinbart und dann durch das Städtchen gelaufen. Es regnet und wir suchen verzweifelt ein Restaurant. Um 19.00 Uhr hat noch keines auf. Wir sind halt in Spanien. Dann doch eine Bar gefunden und einige Tapas gegessen. Um 20 Uhr ist Messe in der Kirche, die wir unbedingt aufsuchen wollen. Was wir dann auch getan haben. Während der Messe schaue ich nach dem Käfig mit dem Hahn und der Henne. Ich schaue sehnsüchtig hoch und hoffe, der Hahn würde krähen. Auch nach zehn Jahren, die Hoffnung stirbt zuletzt.

Er hat natürlich nicht gekräht.

In dieser Kirche soll der Hahn gekräht haben

04.05.2007:
Von Santo Domingo del la Calzada nach Belorado.
7,5 Stunden, 26 km.

Berührungsängste

Am Rande einer neuen Siedlung haben wir mit freiem Blick auf Äcker und Wiesen übernachtet. Es regnet schon wieder. Mittlerweile hat sich die Uhrzeit eingependelt. Es war wieder gegen 9.15 Uhr, als Hanne ihre Regensachen anzog und losging. Ich blieb noch etwas gedankenverloren sitzen, schaute auf die Felder und sah zwei Störche sich auf einem Feld niederlassen.

Störche, der Fabel nach sind sie die Geburtshelfer unserer Babys. Heute geht es nur noch per Kaiserschnitt. Das Leben beginnt schon unnatürlich. Dann reiße ich mich zusammen und beginne meine Wohnmobil-Arbeit, mache mich dann auf den Weg in Richtung Belorado. Ungefähr auf der Hälfte des Weges in Casteldegardo halte ich und denke, hier könnte Hanne vorbeikommen. Ein Ort mit fünf Häusern und einer Kirche. Ich überlege, warum hast du eigentlich deine Filmkamera mitgenommen. Ich hole meine Kamera und gehe zur Kirche. Vor der Kirche auf einer Bank sehe ich einen weißhaarigen Pilger sitzen, der sein Brot isst, einen riesigen Rucksack neben sich. Den Rücken tief gebeugt, die Schultern eingefallen, strahlt er eine tiefe Hoffnungslosigkeit aus. Ich will ihn ansprechen, aber in welcher Sprache? Ich will ihn fragen, warum gehst du den Weg, warum quälst du dich so?

Ich denke an meine Besucher, als ich im Krankenhaus lag. Obwohl wir damals wussten, dass wir dieselbe Sprache sprechen, kam die

Konversation über ein: „Wie geht's?" oder ein: „Wird schon wieder werden ..." nicht hinaus. Ich stecke meine Filmkamera wieder ein und bringe es einfach nicht fertig, die Kirche mit dem Pilger zu filmen, der sich durch seine Körperhaltung so entblößt hat, so tief in das Innerste seiner Seele blicken lässt. Ich gehe an ihm vorbei und sage leise „Buen Camino", gehe dann zum Wohnmobil zurück, sehe einen öffentlichen Brunnen. Ich tanke dort Wasser und fahre nachdenklich weiter. Der Jakobsweg verläuft neben der Autostraße, und ich sehe die Pilger wie an der Perlenkette aufgereiht laufen. Ich sehe sie humpeln mit eingewickelten Knien und Gelenken. Man kann an der Körperhaltung sehen, was der Weg ihnen abverlangt. Bei Gelegenheit muss ich mal einige Pilger fragen, warum sie den Camino gehen.

In Belorado auf Hanne gewartet. Sie kommt pünktlich wie immer, als ob sie den Reiseführer geschrieben hätte. Der halbe Ort war eine Baustelle. Wir haben uns zum Marktplatz durchgefragt, wo auch die Information war und dort in einem Cafe gewartet, bis sie aufgemacht hat, damit Hanne ihren Stempel bekommt. Abends habe ich an einer Schule geparkt. Als Hanne ihre Notizen für den Tag in ihr Buch schrieb, sagte ich: „Zeig sie mir bitte mal." Was lese ich da? „Armer bärtiger Pilger." Wir hatten uns nur um Minuten verfehlt.

Dieser Storch hatte nichts im Schnabel

05.05.2007:
Von Belorado nach San Juan de Ortega,
7 Std., 23 km.

Verletzlichkeit

Um 7.30 Uhr schellt der Handywecker. Schon wieder aufstehen. Aber wer hat gesagt, der Jakobsweg wäre ein Vergnügen? Wir frühstücken, und Hanne macht sich um 9 Uhr auf den Weg. Mittlerweile geht uns das Gas aus. Fast jede Nacht müssen wir heizen. Also los, Gasflaschengeschäft suchen. Wir haben Samstag. Ich frage mich durch und finde auch die Firma Repsol. Leider hatte der Verkäufer keine kleinen Gasflaschen. Gegen eine große wollte er nicht tauschen. Das Wetter wird noch schlechter, es fängt an zu regnen, und ich überlege, was ich machen soll. Ich gehe zurück zum Wohnmobil und begebe mich langsam auf den Weg in Richtung San Juan de Ortega. Die Straße steigt steil bergan. Als es wieder bergab ging, denke ich so bei mir: Bei diesem Sauwetter und der schwierigen Strecke, vielleicht treffe ich ja Hanne, und könnte ihr etwas Gutes tun.

Neben der Straße sehe ich eine kleine Kapelle mit einem winzigen Parkplatz. Just hier kreuzt auch der Jakobsweg die Hauptstraße. Ich halte an und überrede unseren Hund, mit auszusteigen, um Gassi zu gehen. Gegenüber sehe ich einige Leute mit dem Auto stehen. Ich gehe mit unserem Hund den Weg entlang, als ich einen Rucksack im Graben liegen sehe, mit Stöcken, ohne Pilger darunter. Ich drehe mich suchend in alle Richtungen um, als mir von der anderen Straßenseite eine Person wild gestikulierend zu verstehen gibt, dass es ihrer sei. Okay, es ist also kein Mensch zu Schaden gekommen.

Ich habe den Regenschirm mitgenommen, damit wenigstens einer von uns trocken bleibt.

Als ich zurückkomme, steht in der Nähe des Rucksacks ein in eine Regenhaut eingewickeltes Etwas. Ich bewege mich vorsichtig auf dieses Etwas zu und sage zaghaft: „Hola, que tal?" (Hallo, wie geht's?). Die Gestalt dreht sich um, und ich kann unter dem ganzen Eingepackten ein weibliches Gesicht erkennen. Es stellt sich heraus: Sie ist Französin, ungefähr Ende 20, wartet auf ihre Freunde, weil sie sich den Fuß verletzt hat. Sie spricht fünf Worte Spanisch so wie ich, sodass wir Konversation betreiben können. Zwar nur wenig, aber es geht. Motiviert durch die gestrige Begegnung frage ich sie, warum sie den Jakobsweg geht. Sie nennt keinen besonderen Grund. Sie hat 14 Tage Urlaub und will mit ihren Freunden einfach mal diesen Weg gehen. Andere in ihrem Alter fliegen nach Mallorca und legen sich 14 Tage an den Strand in die Sonne.

Was ist Besonderes an diesem Weg, das selbst junge Menschen sich quälen? Vielleicht weiß ich es in Santiago. Da ich unbedingt noch etwas Gutes tun wollte, lade ich die junge Dame zum Cappuccino ein, den sie dankend annimmt.

Als ich weiterfahre, denke ich an meine Frau. Sie war 26 Jahre alt, als wir uns kennen lernten. Was haben wir uns nicht alles geschworen. Wir wollten zusammen alt werden. Ist man mit 53 Jahren schon alt? Meine Frau ist elf Jahre jünger als ich. Ist man da schon alt? Wie singt Herbert Grönemeyer, der seine Frau durch Krebs verloren hat: „Das Leben ist nicht fair."

Noch glaubte ich, dass ich auf dem richtigen Weg war. Ich vertraute den Ärzten mein Leben an. Die mussten sich ja auskennen. Haben Medizin studiert und die gewaltige Pharmaindustrie im Rücken, die Milliarden an Geldern für die Forschung ausgeben. Mir ging die

Statistik nicht mehr aus dem Kopf. Bei Prostatakrebs, rechtzeitig erkannt, liegt die Überlebensrate in den ersten fünf Jahren bei 80 Prozent. Das hört sich doch gut an. Was kann alles in fünf Jahren erforscht werden. Bis dahin hat man den Krebs bestimmt besiegt. Ich will leben. Ich will mit meiner Frau zusammen alt werden. Mit der Zuversicht der Hoffnung verabschieden wir uns vom Chefarzt und vom Krankenhauspersonal. Bedanken uns artig für das, was man alles für uns getan hat.

Bei der Verabschiedung sagte der Chefarzt: „Versäumen Sie es nicht, wenigstens die nächsten zwei Jahre vierteljährlich zur Nachuntersuchung zu kommen." Wieso zur Nachuntersuchung? Ich dachte, es wäre ausgestanden. Ohne aus dem Fenster zu schauen, merkte ich, wie sich wieder ein Tief bildete, genau über meinem Kopf.

Verdammt, jetzt habe ich doch das Ortsschild San Juan de Ortega übersehen und bin vorbeigefahren. Ich weiß gar nicht mehr, wie ich die Strecke zurückgelegt habe. So sehr in Gedanken war ich. Also habe ich bei nächster Gelegenheit umgedreht und bin zum Kloster gefahren. Etwas abseits der viel befahrenen N 120 liegt dieses neben einer Pilgerherberge und einem kleinen Kiosk, einem großen Parkplatz und einer schlichten alten Kirche. Ich parke direkt vor der Kirche am Pilgerweg. Es ist noch früh am Tag, und der Strom der Pilger will nicht abreißen. Ich habe direkt ein schlechtes Gewissen, weil ich nicht auf dem Weg bin. Ich sehe, wie sie ankommen, sich die Schuhe von den Füßen reißen, sich die Füße massieren. Sehe die vielen Pflaster und Bandagen und wie sich die meisten Pilger schleppend fortbewegen, und mein schlechtes Gewissen wird immer kleiner.

Mir wird auf einmal klar, wie dünn und verletzlich unsere Haut ist. Drückt der Schuh, bildet sich eine Blase. Unser Körper füllt diese

Blase als Abwehrreaktion sofort mit Lymphflüssigkeit. Was machen wir? Wir stechen hinein, lösen die Haut und meinen, mit Pflaster und Bandagen haben wir das Problem gelöst. Ich glaube, unsere Seele ist genau so dünn. Wo ecken wir nicht überall an. Was ist uns nicht alles im Leben zu eng geworden. Wir möchten ausbrechen, wir möchten unsere Schmerzen hinausschreien. Aber was machen wir stattdessen? Wir pflastern unsere Seele mit Pharmazeutika und Schmerzmitteln zu, bis unser Körper sich nicht mehr anders zu helfen weiß und sich Geschwüre und Tumore bilden. Aber selbst dann machen wir weiter und stechen hinein, schneiden sie heraus, vergiften sie, bis der Schrei der Seele verstummt.

Mutig geworden frage ich zwei Österreicher: Warum geht ihr den Weg? Antwort: Wir wissen es nicht. Am Ende des Weges kommt vielleicht die Erkenntnis. Wir wollen bis Cabo Finisterre gehen und dort nach aus mittelalterlichen Berichten überlieferter Tradition die auf der Wanderung getragene Kleidung beim Leuchtturm verbrennen. Kein religiöser Hintergrund.

Der Weg scheint unendlich

Ich werde natürlich gefragt, warum ich nicht auf dem Weg bin. Ich sage, wie Horst Schlemmer, die Witzfigur von Hape Kerkeling: „Ich habe Rücken." Sofort kommt die Antwort. „Das ist keine Entschuldigung. Ich hatte vor zwei Jahren zwei Wirbel angebrochen. Der Arzt hat mir davon abgeraten, zu gehen. Aber es geht mir blendend." Der Weg scheint wohl nur bei einigen eine heilende Wirkung zu haben.

Dann habe ich eine Pilgerin gefragt, warum sie den Weg geht. „Ich träume schon seit 30 Jahren davon. Ich bin jetzt 48 Jahre alt, war auch schon eine Woche alleine zum Hundeschlittenfahren in Alaska." Kein religiöser Hintergrund. Es reizt einfach nur die Herausforderung. Meine Bewunderung für die Pilger wird immer größer. Für die einen, weil sie so viel Leid auf sich nehmen und die anderen, weil sie die 850 Kilometer spanischen Jakobsweg mal so eben durchlaufen.

Die Zeit vergeht wie im Flug. Ich schnappe mir unseren Hund und gehe meiner Frau entgegen. Nach etwa 600 Metern kommt sie mir schon lachend in einer Gruppe entgegen. Wir bringen den Rucksack ins Wohnmobil und gehen dann in die Kirche. Auf dem Weg dorthin grüßt mich eine junge Frau. Ja, es war meine kleine Französin von heute Mittag. Sie lächelt mich auf Französisch an und ich auf Deutsch zurück. Ja, so ein Jakobsweg verbindet.

Wir fragen die Herbergsmutter, ob wir zum Übernachten an der Kirche stehen bleiben können. Kein Problem. Ich gebe ihr als Spende fünf Euro, die sie dankend annimmt. Dafür lädt sie uns sofort zur Knoblauchsuppe ein, was wir aber dankend ablehnten. Später hörte ich, wie einige Pilger sich beklagten. Sie hätten die Kirche gerne ohne Wohnmobil fotografiert.

06.05.2007:
Von San Juan de Ortega nach Burgos,
25 km, 8 Stunden.

Mitgeschwommen

Die Klosterbrüder wussten schon, wo sie ihre Klöster bauten. Wir hatten eine mehr als ruhige Nacht. Zu unserem Leidwesen wurden wir allerdings schon um 6.30 Uhr geweckt, weil sich die ersten Pilger auf den Weg machten. Für Hanne kein Problem. Sie war sowieso hochmotiviert und ist dann auch gleich um acht Uhr aufgestanden. Schnell gefrühstückt und dann los. Um 10 Uhr kamen dann jede Menge Busse mit Pilgern, die eine Tagesetappe machen wollten. Ich habe den Platz geräumt und bin zum nächsten Parkplatz gefahren, um mich gemütlich an meinen Laptop zu setzen. Hanne und ich haben uns verabredet. Im Industriegebiet nahe Burgos wollen wir uns treffen, um zusammen nach Burgos zu fahren.

Dank des Wanderführers finde ich den Ort Villafria de Burgos, wo das Industriegebiet anfängt. Eine Straße schnurgrade und teilweise sechs Spuren. Wie finde ich da nur den Pilgerweg? Wo kommen die Pilger her? Dann sehe ich die erste Gruppe und weitere folgen. Wieder kommen sie mir wie aufgereiht auf einer Schnur entgegen. Ich brauche nur den entgegenkommenden Pilgern zu folgen.

Während ich auf meine Frau warte, denke ich mir: Wie viele Betroffene sind mir im Laufe der zehn Jahre entgegengekommen. Haben den klassischen Weg der Schulmedizin gewählt. Sind mit dem Strom geschwommen. Damals war mir noch nicht klar, dass ich gegen den Strom schwimmen werde. Kürzlich las ich in der Zeitung einen Bericht von einem Arzt, der alles positiv sah und der sagte: Immerhin wird jeder Zweite vom Krebs geheilt. Ich als Zweckpessimist dachte: Und jeder Zweite stirbt an seinem Krebs. Was hat man mit den Milliarden an Forschungsgeldern gemacht? Das muss ich lesen, zehn Jahre nach meiner Operation, wo ich doch soviel Hoffnung in die klassische Medizin gesetzt hatte. Die Gesundheit ist eben doch nicht käuflich.

Übernachtet vor dem Kloster

Ich sehe meine Pilgerin kommen und winke ihr aus dem Wohnmobil zu. Sie hat es geschafft und ist froh, nicht bei dieser Hitze durchs Industriegebiet laufen zu müssen. Wir einigen uns, heute noch nach Burgos zu fahren, um uns die Altstadt anzusehen. Glücklicherweise ist heute Sonntag, also nicht soviel Betrieb in der Altstadt. Das war aber nur Wunschdenken. Wir wühlen uns mit dem Wohnmobil durch den Verkehr und finden auch einen Parkplatz.

Die Sonne scheint, sodass wir draußen sitzen können. Was wir auch sofort ausnutzen, um zu Mittag zu essen. Anschließen haben wir noch die Kathedrale besichtigt. Mit fällt auf, dass hier in der Gegend alle Altäre vergoldet sind, außerdem auch, dass in jedem kleineren Ort an diesem Weg mindestens zwei Kirchen stehen. Kann Gott wirklich gleichzeitig an so vielen Orten sein? Braucht Gott diese riesigen Bauwerke, um bei uns zu sein? Ich fange schon wieder an, beide Wege zu vergleichen. Beide Wege bestehen aus Glauben und Hoffen.

Schluss jetzt. Wir gehen zum Wohnmobil und fahren auf den Campingplatz. Freundlich begrüßt uns die Dame an der Rezeption, und da Hanne ganz gut spanisch spricht, ist auch schon sofort ein Gesprächsthema da und sie erzählt uns, dass sie, außer Deutsch, fünf Sprachen spricht. Ihre Tochter will nach Deutschland und sucht eine Aupair-Stelle. Wir versprechen ihr, dass wir Bescheid sagen, wenn wir etwas hören. Dann kommen wir endlich unter die Dusche, so lange bis die Haut ganz aufgeweicht ist.

Kurze Rast in Burgos

07.05.2007:
Von Burgos nach Hornillos del Camino,
20 km, 6 Std.

Trostversuche

Der Campingplatz war ungefähr fünf Kilometer von der Kathedrale entfernt, weshalb ich meine Frau heute morgen mit dem Moped zur Kathedrale brachte. Von hier aus konnte sie ihren Weg fortsetzen. Als ich wieder zurück fuhr, sah ich auf der anderen Seite des Rio Arlanzón die beiden Reiter mit ihren Pferden und ihrem schwarzen Hund dahertrotten, die mir schon in Roncesvalles aufgefallen waren. Sie waren ganz so gekleidet wie im wilden Westen und haben sich so wohl einen Traum erfüllt. Ich winkte ihnen noch zu, aber auf einmal waren sie verschwunden. Habe ich sie wirklich gesehen, waren sie es wirklich, immerhin sind wir schon 14 Tage unterwegs. Nachdenklich fuhr ich weiter zum Campingplatz und machte Hausputz.

Gegen Mittag bin ich mit dem Wohnmobil nach Burgos gefahren, um einzukaufen. Habe irgendwo ein Schild gesehen, dass es hier eine Lidl-Filiale gibt. Eine deutsche Bratwurst zum Grillen hatte ich so vor Augen. Fast eine Stunde lang habe ich den Laden gesucht. Endlich nach dreimaligem Fragen, habe ich den Lidl gefunden und dort eingekauft. Jetzt brauchen wir noch Gas. Die Nächte sind doch empfindlich kalt, sodass wir heizen mussten. Dann habe ich eine Tankstelle gefunden, die mir sogar die kleine Flasche in eine große eintauscht. Jetzt sind wir gegen die Kälte gerüstet.

Jetzt aber auf nach Hornillos del Camino. Kaum hatte ich mich auf den Weg gemacht, klingelt das Telefon: „Ich bin gleich da. Wo bist du?" Ich sage zu meiner Pilgerin: „Ich bin noch in Burgos, beeile mich aber ganz schnell." Das Wetter ist aufgeklart, und es scheint die Sonne. Ich war so mit meinen Einkäufen beschäftigt, dass ich es kaum bemerkt hatte, wie die Zeit verging.

Also ab über die Autobahn, den schnellsten Weg nach Hornillos del Camino, von dieser dann über die Landstraße bis zum Ortsschild. Als ich links über die Brücke fuhr, sah ich mehrere Pilger und Pilgerinnen im Fluss baden. Sie winkten mir zu und lachten fröhlich. Ich fuhr weiter bis in den kleinen Ort, der vielleicht aus 20 Häusern, einer Kirche, einer Pilgerherberge und zwei Bars bestand. Ich hatte gerade geparkt, als meine Frau schon ankam: „Hast du mich nicht gesehen? Ich habe dir doch zugewunken." Ich musste gestehen, dass mein Blick mehr auf die Pilgerinnen im Bikini gerichtet war, die im Fluß badeten. Es tat mir ja auch leid. Also auf zur Herberge, um den Stempel abzuholen. Die Herberge stand direkt an der Kirche. Vor der Kirche saßen mindestens 15 Pilger erschöpft auf den Stufen und warteten. Worauf? Hanne ging in die Herberge. Alle Betten, so an die 40, waren mit schlafenden Pilgern belegt. Das war die Antwort. Sie warteten auf ein Bett. (Es war 15.00 Uhr)

Auf ein Bett warten musste ich damals nicht. Als Privatpatient kam ich sofort an die Reihe. Auch bei der Nachsorge brauchte ich nur anzurufen und ich bekam sofort einen Termin. Drei Monate nach meiner Entlassung aus dem Krankenhaus machte ich mich auf den Weg und flog nach Deutschland zur Nachsorge. Wieder Urinprobe, Ultraschall, abtasten und Blutabnahme. Der Arzt war mit seiner Operation sehr zufrieden. Das Ergebnis der Blutuntersuchung würde nach etwa sechs Tagen vorliegen. Also wieder nach Mallorca geflogen, um das Ergebnis telefonisch abzufragen. Die Sekretärin teilte mir das Ergebnis mit: PSA 0,01. Wie kann das sein? Ich hatte doch keine Prostata mehr. Total in Panik sagte ich, ich muss sofort den

Professor sprechen. Der beruhigte mich und meinte: Das kann mehrere Ursachen haben, aber ich sollte mir keine Sorgen machen. So etwas passiert immer wieder mal. Ich fing an zu grübeln. Es war auf einmal wieder eine 1 da, zwar eine 0,01 aber immerhin keine 0 mehr. Meine Frau beruhigte mich und meinte, ich sollte mir keine Sorgen machen. Es könnte ja auch ein Laborfehler sein.

Ich verscheuchte meine Gedanken, sah wieder die wartenden Pilger und sagte zu meiner Frau: Ein Glück, dass wir unser Bett dabei haben. Wir fuhren zum Ortsrand und stellten uns auf eine Wiese. Holten unsere Campingstühle heraus, bauten den Gasgrill auf und grillten bei einem Glas Rotwein die Bratwürstchen, die ich bei Lidl gekauft hatte. Ganz ehrlich, sie hatten einen faden Beigeschmack, als ich an die Pilger in der Herberge dachte.

Reitererscheinung *Endloser Pilgerweg*

Abends bei einer Tasse Kaffee den Tag ausklingen lassen

08.05.2007:
Dienstag. Von Hornillos del Camino nach Castrojeriz.
21 km, 6 Stunden.

Fundsachen

Um 7.30 Uhr waren schon die ersten Pilger wieder unterwegs. Wir hörten sie, weil der Camino nicht weit von unserem Standplatz entfernt vorbei lief. Hanne hat mich überredet, ein Stück des Weges mit ihr zu gehen. Widerwillig stimmte ich zu. Hund und ich trotteten gemeinsam mit meiner Frau den Camino in Richtung Castrojeriz. Zuerst noch ein breiter Feldweg, der dann immer schmaler wurde. Nach einer halben Stunde merkte ich unserem Hund förmlich an, wie er immer müder wurde. Ich machte meine Frau darauf aufmerksam und sagte ihr, der kann nicht mehr, wir müssen umkehren.

Sie schaute mich an, lachte, und sagte, das kann ich gut verstehen. Wir also gegen den Strom der Pilger wieder zurück. Es war wie Spießrutenlaufen. Unentwegt war ich nur damit zugange, Hola oder Buen Camino zu sagen. Hola, Buen Camino, bis wir endlich wieder am Wohnmobil waren.
Der Hund und ich mussten uns erst einmal ausruhen. Dann habe ich gespült und bin gemütlich nach Castrojeriz gefahren. Ein kleiner, verschlafener Ort mit einem kleinen Supermarkt und einer Kirche, allerdings auch mit vielen neu erbauten Häusern.

Ich orientierte mich an der Kirche und fuhr durch enge Gassen in diese Richtung. Sah dann ein großes Wiesengrundstück mit einer Gerätehalle darauf. Ein Mann stand an dem geöffneten Tor. Ich fragte ihn, ob ich über Nacht mit meinem Wohnmobil auf der Wiese stehen bleiben könnte. Es war kein Problem. Ich schenkte ihm eine Flasche Wein, worauf er mir zeigte, wo ich Wasser entnehmen könnte. Es war alles perfekt. Jetzt konnte ich mich in aller Ruhe um meine Frau kümmern.

Ich nehme mein Mobiltelefon heraus und wähle Hannes Nummer. Dabei stelle ich fest: Ich habe überhaupt keine Verbindung. Im Moment komme ich mir etwas hilflos vor. Gehe hundert Schritte nach links, dann hundert Schritte nach rechts. Immer noch keine Verbindung. Ratlos gehe ich in Richtung Kirche. Ich denke so bei mir: Geht denn gar nichts mehr ohne Technik? Braucht man für alles Apparate?

Mir kommt so meine zweite Nachuntersuchung in den Sinn. Mittlerweile hatten wir auf Mallorca einen Urologen. Also einen Fachmann. Ich brauche also nicht mehr nach Deutschland zu fliegen. Das halbe Jahr war um und ich brauchte mir keine Sorgen zu machen. Die 0,01 hatten ja nichts zu bedeuten. Der Arzt war relativ jung, etwas arrogant, aber sonst schien er ganz in Ordnung zu sein. Als erstes Ultraschall, dann wieder Blutabnahme. Dann die Frage nach meiner Potenz. Er fühlte anscheinend mit mir mit. Da sie nicht da war, meine Potenz, wollte er sich für den nächsten Termin mal Gedanken machen.

Eine Woche dauerte es meistens, bis die Blutergebnisse vom Labor zurück waren. Wir vereinbarten also einen Termin für eine Woche später. Das Laborergebnis war da. 3,0. Ich musste mich am Stuhl festhalten, um nicht umzufallen. Auf einmal hatte ich eine drei vor dem Komma. Ich fragte den Arzt, wie das sein kann. Er versuchte, mich zu beruhigen und meinte, mit dem Ergebnis könnte ich beruhigt eine Weltreise unternehmen. Eine Weltreise, zu Fuß, zu Pferd, mit dem Fahrrad, mit dem Schiff oder nur noch mit dem Flugzeug? Alle möglichen Gedanken gingen mir durch den Kopf. Ich dürfte doch keinen PSA-Wert über Null haben. Also doch Metastasen. Wie durch einen Schleier hörte ich, wie er weiter sprach. Er habe sich Gedanken über meine Potenz gemacht. Ein befreundeter Arzt hat ihm Viagra aus Amerika mitgebracht, was zu dieser Zeit in aller Munde war. Er könnte mir drei zum Selbstkostenpreis verkaufen. Ich sollte es erst einmal mit einer halben versuchen. Wortlos nahm ich die Pillen entgegen, gab ihm das Geld, nahm meine Frau bei der Hand und verließ die Praxis. Sie schaute mich ernst an und wusste nicht, was sie sagen sollte.

Ich komme an der Kirche an und stelle fest, dass der Camino da entlang geht. Der Camino verläuft zwischen der Kirchenmauer und einem kleinen Hostal. Dort stehen Plastiktische und -stühle in einem kleinen Vorgarten. Ich finde, das ist der richtige Ort, um auf meine Frau zu warten. Hole mir einen Cafe con leche und setzte mich an einen Tisch. Neben mir höre ich, wie ein junger Mann und eine junge Frau sich auf Deutsch unterhalten. Ich sage zu ihnen Buen Camino, und schon waren wir im Gespräch. Er ist auch schon seit fast drei Wochen unterwegs. Hat sich einfach frei genommen, um sich über einige Sachen klar zu werden. Mutig frage ich nach seinem Motiv. Er weicht aus und sagt: Ich suche auf diesem Weg eine Bestätigung.

Ich ging nachdenklich an meinen Tisch und dachte, welche Bestätigung brauche ich noch. Ich habe Krebs. Dieser sprunghafte Anstieg des PSA-Wertes ist doch Aussage genug. Ich wollte mich nicht hängen lassen und nahm, mehr meiner Frau zuliebe, am selben Abend eine halbe Viagra. Außer dass die Schleimhäute anschwollen und ich keine Luft mehr bekam, war nichts zu spüren. Eine ganze zu nehmen, habe ich mich dann nicht mehr getraut. Ja, ja, die Hängebrücke hängt nur noch an einem Seil. Wir hatten beide Tränen in den Augen. In diesem Moment sah ich meine Frau in Begleitung einer anderen Frau kommen. Sie sah mich, und die beiden verabschiedeten sich unter Tränen. Was war passiert? Meine Frau konnte sich ihrer Tränen nicht erwehren und die andere, sie hieß Petra, weinte auch. Meine Frau kam an meinen Tisch, setzte sich und es sprudelte förmlich aus ihr heraus. Stell dir vor, fünf Kilometer von hier kam ich an einer Klosterruine vorbei, und es kam mir alles so bekannt vor, als wenn ich schon einmal hier gewesen wäre. Ich schaute mich um und ging an der Klostermauer entlang, als ich zufällig ganz versteckt eine Brieftasche mit allen Papieren fand. Ich hob sie auf und überlegte, wie ich den Verlierer ermitteln könnte. Ich ging den Camino weiter und sah eine Frau mir entgegenkommen. Es war Petra. Sie sagte mir, wenn sie die Tasche nicht gefunden hätte, hätte sie den Weg abbrechen und nach Hause fahren müssen.

Ich hatte heute meine Frau auch ohne Mobiltelefon gefunden. Wir gingen zum Wohnmobil, holten die Campingstühle heraus. Deckten draußen den Tisch und aßen zu Abend. Während wir die Flasche Rotwein so langsam leerten, kamen wir zu dem Schluss: Es gibt keine Zufälle.

In dieser Klosterruine hat meine Frau die Brieftaschen gefunden

09.05.2007:
Mittwoch von Castrojeriz nach Frómista,
8 Std., 25 km.

Verrückt

Heute Morgen stellten wir fest, dass wir beide doch ein Glas Rotwein zuviel getrunken hatten. Daher sind wir erst um 8 Uhr aufgestanden. Jetzt aber schnell gefrühstückt und für den Weg fertig gemacht. Rucksack packen, die richtigen Schuhe anziehen, es war überwiegend Flachland, Wasserflaschen festbinden, Karten und Reiseführer einpacken. Als sie mit allem fertig war, kam die Aufforderung: Der Hund muss bewegt werden. Vier Augen schauten sie treuherzig an. Zwei vom kranken Hund und zwei vom faulen Hund. Okay, ich hatte es versprochen. Es schien die Sonne, und es sprach nichts dagegen.

Also schnell die Wanderschuhe angezogen, Hund angeleint und meine Frau begleitet. Zuerst durch den Ort, dann ein Stück auf die Landstraße, bis wir dann auf den Camino kamen. Er war schon voller Pilger. Wir reihten uns ein und versuchten genügend Abstand zu halten, denn wir wollten ja alleine gehen. Ohne zu sprechen gingen wir nebeneinander her, und ich hörte nur das Knirschen meiner Schuhe auf dem Kiesboden. Ich merkte, wie mein Schritt immer rhythmischer wurde. Es war fast wie eine Melodie. Ich konnte auf einmal die Menschen verstehen, die diesen Weg nicht nur einmal gehen. Unser kranker Hund blieb plötzlich stehen, schaute uns mit traurigen Augen an und signalisierte: Jetzt ist genug, ich kann nicht mehr. Schweren Herzens verabschiedete ich mich von meiner Frau und wünschte ihr ein Buen Camino.

Wieder gegen den Strom laufen müssen. Verständnislose Blicke geerntet, bis mir der junge Mann, mit dem ich gestern im Café gesprochen hatte, entgegenkam. So schlank wie er war, konnte ich nicht verstehen, wie man so einen riesigen Rucksack tragen kann. Er blieb stehen, und wir kamen ins Gespräch. Er nahm seinen Rucksack ab und wir fingen an, uns über Gott und die Welt zu unterhalten.

Es sprudelte auf einmal förmlich aus ihm heraus. Er war in Polen geboren. Mit 15 Jahren war er nach Deutschland gekommen. Hatte auf dem Bau gearbeitet, bis seine Firma in Konkurs ging. Verheiratet, zwei Kinder. Fing an zu trinken. Als er arbeitslos war, hat ihn seine Frau verlassen. Hat sich selbstständig gemacht und besitzt jetzt ein kleines Bauunternehmen. Als seine Frau sah, dass er wieder zu Geld gekommen war, ist sie wieder zurückgekommen, aber er glaubt nicht, dass die Ehe noch Bestand hat. Er hat sich jetzt einfach abgemeldet und gesagt: Es muss auch für einige Zeit ohne mich gehen.

Der Weg hat etwas Besonderes für ihn und er erzählte mir eine Geschichte, die ihm auf der vorletzten Etappe passiert war. Am Ende dieses Abschnitts war keine Unterkunft zu bekommen, so dass er weiterlief bis zur letzten Herberge. Es war mittlerweile 23 Uhr und alles war dunkel. Er lief weiter, bis ihm ein Auto entgegen kam. Der Fahrer hielt an und fragte ihn, ob er helfen könnte. Er erklärte ihm sein Problem. Worauf der Autofahrer sagte: „Komm steig ein, wir fahren dort hin." Er schellte. Die Tür wurde geöffnet und ich sah die Herberge voller Pilger. Einer spielte Gitarre. Es wurde gesungen. Man gab mir zu Essen, bot mir Wein an und ich gehörte zur Runde. Man hatte sogar ein Bett für mich. Es wurde noch lange bis in die Nacht hinein darüber diskutiert, wo Gott zu finden ist. Eine Gruppe Spanier war der Meinung: Gott ist überall. In jeder Blume, in jedem Baum, in jedem Stein. Eben alles um uns herum ist Gott. Dabei fiel mir ein indianischer Spruch ein:

Gott schläft im Stein, atmet in der Pflanze, träumt im Tier und erwacht im Menschen.

Verdammt, wir schauten auf die Uhr, jetzt hatten wir eineinhalb Stunden gequatscht. Der junge Mann, er war so um die vierzig, nahm seinen Rucksack wieder auf und meinte: „Mich halten sowieso alle für verrückt, dass ich den Weg gehe, aber was ist schon normal."

Wir schauten uns an. Ich gab ihm die Hand. Wünschte ihm ein Buen Camino und gab ihm dies mit auf den Weg: Es tat gut, sich mit einem Verrückten zu unterhalten.

Nachdenklich ging ich mit meinem Hund zurück. Achtete nicht mehr auf die mir entgegenkommenden Pilger, sondern fragte mich. Was ist normal, und was ist verrückt?

Der sprunghafte Anstieg meines PSA-Wertes auf 3,0, war das normal? Mein gesamtes Umfeld war der Meinung, sofort noch eine Blutuntersuchung durchführen zu lassen, das kann nur ein Laborfehler sein. Nein, erst einmal Ruhe bewahren. Jede Zeitschrift, die mir in die Hände fiel, wurde sofort nach den medizinischen Artikeln durchsucht. Wo steht etwas über Krebs? Gibt es etwas Neues?

Wer anfängt zu suchen, wird auch fündig. Endlich ein Artikel über eine neue Pille mit dem Wirkstoff der Tomate, schützt vor Krebs, UV-Strahlung und Stress. Es hieß „Lyc-O-Pen". Es enthielt Lycopin, das vor allen Dingen in Tomaten, Paprika und Wassermelonen enthalten ist. Es kam mir der verrückte Gedanke, wenn ich eine frische Tomate, eine Paprika und etwas Melone in einem Mixer flüssig rühre, dann muss das doch den gleichen Effekt haben. Ich musste einfach das Gefühl haben, etwas gegen meine Krankheit zu tun. Also

Auf diesem Weg habe ich mich mit dem Pilger 1,5 Std. unterhalten

vier Wochen lang jeden Tag ein Mixgetränk. War ich verrückt, konnte ich wirklich der Meinung sein, damit etwas auszurichten?

Nach vier Wochen war ich psychisch wieder in der Lage, mich untersuchen zu lassen. Der Urologe nahm mir also wieder Blut ab. Da wir gerade dabei sind, wollte er auch etwas für meine Potenz tun und erklärte mir, mittels einer Injektion in den Penis ließe sich eine Erektion erzeugen. Dieses Gerät war nicht größer als ein Kugelschreiber, so dass man es immer bei sich tragen kann. Die Dosierung muss aber vorher getestet werden, da es schon vorgekommen ist, dass die Erektion stundenlang vorhält. Mir grauste, Sex auf Bestellung, Sex ohne Gefühle. Vor jedem Sex sich eine Spritze setzen und dann nie wissen, ob es klappt. Wichtiger für mich war mein PSA-Wert. Wieder qualvolles Warten.

Nach vier Tagen das Ergebnis. PSA 1,5. Innerhalb von vier Wochen war der PSA wieder um 1,5 gesunken. Der Arzt meinte etwas besserwisserisch: „Sehen Sie, doch ein Laborfehler." Hätte ich ihm von meinem Gemüsedrink erzählt, hätte er mich wohl für verrückt erklärt.

Ich war so in Gedanken versunken, dass ich gar nicht merkte, dass ich schon wieder vor unserem Wohnmobil stand. Schnell noch alle Hausarbeiten verrichtet und dann nach Fromista gefahren. Ein Ort, der aus einer riesigen Kreuzung besteht, um die man die Häuser gebaut hat. Er hatte immerhin drei Kirchen. Ich stellte mich auf einen Parkplatz in den Schatten neben einer Kirche und wartete auf meine Frau. Nachdem ich eine Weile gestanden hatte, klopfte jemand an das Wohnmobil. Ich öffnete die Tür, und wer stand vor mir?

Es war die blonde Frau, deren Geldbörse Hanne gefunden hatte. Sie fragte natürlich sofort nach meiner Frau. Leider musste ich ihr sagen, dass sie noch auf dem Weg sei. Wir unterhielten uns eine Weile, bis ich merkte, dass sie mich immer mehr anstarrte. Das wurde mir etwas unangenehm, und ich fragte mich, hast du vielleicht wie Loriot in seinem Sketch auch eine Nudel im Gesicht?

Endlich sagte sie zu mir, dass ich so eine frappierende Ähnlichkeit mit einem Bekannten von ihr hätte, dass sie ihren Blick nicht von mir wenden könnte. Um die Situation etwas aufzulockern, sagte ich: Es ist hoffentlich ein guter Mensch. Sie sagte traurig: Er ist leider vergangenes Jahr verstorben. Bingo, auf dem Weg gibt es auch Fettnäpfchen. Sie verabschiedete sich, und wir versicherten uns, dass wir uns bestimmt noch einmal treffen werden.

Ich schaue auf meine Uhr. Der Tag war so schnell vergangen, dass ich es gar nicht fassen konnte. Wir hatten 16 Uhr. Wo war meine

Frau? Ach ja. Es war ja eine Etappe von sechs Stunden. Während ich mir überlegte, ob ich mir Sorgen machen sollte, klingelte mein Handy. Ich bin's. Sehe bereits eine Kirche. Wo treffen wir uns? Ich erklärte ihr, wo ich stand und eine viertel Stunde später war sie da. Ich erzählte ihr von der blonden Frau, und sie war ein wenig traurig, dass sie sie nicht mehr angetroffen hatte. Hanne wollte ihr den Rosenkranz zurückgeben, den sie ihr geschenkt hatte.

Wir haben uns dann den Ort noch angeschaut und gewartet, bis die Kirche aufmacht, damit wir etwas Andacht halten konnten. Den Abend ließen wir dann in einem Restaurant bei einem für das Land typischen Gericht, Spanferkel, ausklingen. Als Vorspeise nahmen wir einen Salatteller und Vino de la Casa. Am Nachbartisch sahen wir, wie andere Pilger ihr Pilgermenü für 8,50 Euro aßen, inklusive ihrer Flasche Wein. Als unsere Rechnung kam, es waren 60 Euro, haben wir uns nur etwas irritiert angeschaut. Hanne bekam dann noch einen Krug geschenkt. Es war reine Abzocke. Es erinnerte mich so ein wenig an unser Gesundheitssystem. Als Privatpatient wird man auch einfach abgezockt. Es war mir egal, den nächsten Termin zur Nachuntersuchung machte ich in Deutschland.

Das Schöne ist, für einen Privatpatienten hat man immer Zeit. Wir flogen also nach Deutschland. Wieder das Übliche. Blutabnahme, Urinabgabe und rektal abtasten. Alles in Ordnung. Jetzt nach Hause fliegen und auf das Ergebnis vom Labor warten. Vier Tage später rufe ich in Deutschland an. Das Ergebnis war 0 PSA. Sollte mein Gemüsemix etwas bewirkt haben? Ich traute mich nicht, über so etwas Lächerliches zu sprechen. Mein Gemüsedrink gegen wissenschaftlich erforschte Medikamente. Der Professor, auf den sprunghaft angestiegenen PSA angesprochen, hatte die Erklärung. Es hat sich bestimmt um eine Irritation gehandelt. Egal, mit diesem Ergebnis war das Leben wieder wunderbar.

Ich bezahlte, nahm meine Frau bei der Hand und sagte zur ihr beim Rausgehen: Erfahrung bekommt man nicht kostenlos.

Wir gingen zu unserem Wohnmobil und übernachteten auf dem Parkplatz direkt neben der Kirche. Wir fühlten uns im Schutz des Gotteshauses wohlbehütet.

In Frómista vor der Kirche

10.05.2007:
Von Frómista nach Carrión de los Condes und von
Carrión des los Condes nach Calzadilla de la Cueza.

1. Etappe 5,3 Std.,   20 km.
2. Etappe 5,0 Std.,   17 km.

Warteschleife

Heute hatte Hanne sich vorgenommen, zwei Etappen an einem Tag zu laufen. Fünf bis sechs Stunden waren ihr zu wenig. Man kommt ja nicht richtig voran, und sie fühlte sich einfach so gut drauf. Sie wollte es versuchen.

Also zeitig aufstehen. Ich mache Frühstück und versüße uns den Morgen mit einem Latte Macchiato, also einem Espresso mit aufgeschäumter Milch und einem weich gekochten Ei. Hanne macht sich inzwischen zum Aufbruch bereit. Wir können uns anstrengen, wie wir wollen. Es ist wieder 9 Uhr, als sie aufbricht.

Eine Stunde später mache ich mich mit dem Wohnmobil auf den Weg. Der Camino verläuft parallel zur Landstraße. Ich fahre also gemütlich mit 50 Stundenkilometer, habe die CD von Xavier Naidoo eingelegt: Der Weg ist steinig und schwer. Und fange an, auf dieser Etappe die Pilger zu zählen. Alle 100 Meter ein Pilger. Auf einer Etappe von 20 Kilometern sind das etwa 100 Pilger. Alle schwer bepackt. Mit Rucksäcken, fast größer als sie selbst, schleppen sie sich teilweise nur so dahin. Die meisten sehen diesen Weg als Herausforderung an. Die wenigsten sehen in ihm einen religiösen Hintergrund. Wie leidensfähig ist eigentlich der Mensch? Hanne hat auf ihrem Weg einen beschrifteten Stein gefunden, auf dem in Deutsch stand: „Quäl dich, du Sau". Nur Hanne läuft diesen Weg beflügelt. Ich bewundere sie dafür. Aber nicht nur ihr, auch allen anderen, die diesen Weg über 800 Kilometer gehen, zolle ich meine Bewunderung und Hochachtung.

Carrión de los Condes, ein mittlerer Ort mit einer schönen Burgmauer und einer alten Kirche. Vor dem Kirchplatz ist großer Markt. Ich parke an einer Stelle, an der auch die Busse parken. Von hier aus habe ich den Camino im Blick, der die Hauptstraße quert. Ich sehe sie kommen, die Pilger, wie sie sich suchend umsehen und dann die Bars ansteuern, sich setzen, die Schuhe ausziehen und die Füße massieren. Einige erkenne ich wieder. Ich habe das Gefühl, sie glauben, dass dieser Weg der richtige ist.

Ich glaubte damals auch an die Richtigkeit meines Weges. Ich glaubte an die Medizinmänner in Weiß. Dieser Glaube fing durch meine Irritation langsam an zu zerbröckeln. Gibt es gegen Krebs wirklich nur die Operation, Chemotherapie oder Bestrahlung? Ich las in der Zeitung, dass die Frau von Paul McCartney, Linda, nach Amerika geflogen ist, um eine doppelte Chemo gegen ihren Brustkrebs zu bekommen. Ein halbes Jahr später war sie tot.

Ich fing an, alles was ich nur in die Finger bekam, über Krebs zu lesen und zu sammeln. Bild am Sonntag startete eine große Aufklärungsaktion im April und Mai 1998 über Krebs mit der Überschrift „Wissen auf dem neuesten Stand". Es wurden verschiedene Krebsarten und deren Behandlungsmethoden vorgestellt, sowie Menschen, die darunter litten.

Art	**Behandlung**	**Erkrankter**
Kehlkopfkrebs	Bestrahlung, Laser	Maler Konrad Kujau

„Todesangst – die darf man nicht haben, sonst ist man verloren. *Verstorben am 12.09.2000*

Blutkrebs	Stammzellenübertragung	Startenor José Carreras

„Du willst nicht nur gesund werden, du willst auch aussehen wie früher."

Brustkrebs	Amputation, Chemo, Bestrahlung	SPD-Ministerin Heide Moser

„Früher dachte ich, mit der Diagnose Krebs kann ich nicht leben ..." Schied am 25.04.2004 wegen schwerer Krankheit aus der Landesregierung aus.

Lymphknotenkrebs	38 % gelten als unheilbar „Wundermittel" Rituximab	Sänger Nino de Angelo:

„Am schlimmsten war es, als meine Tochter Louisa sagte: Papa du stirbst doch nicht."

Art	**Behandlung**	**Erkrankter**
Prostatakrebs	radikale Operation, Bestrahlung, Hormone	Schauspieler Kurt Böwe

„Mit dem Tod konfrontiert zu sein, das war ein hartes Urteil."
Verstorben am 14.06.2000

Lungenkrebs	Operation, Bestrahlung, Chemotherapie	Orchesterchef Horst Jankowski

„Mein Leben befindet sich momentan in einer Warteschleife."
Verstorben am 29.06.1998

Dank Bild am Sonntag war ich nun aufgeklärt. Wie soll man sich bei diesen für mich hoffnungslosen Therapien eine Meinung bilden. Horst Jankowski, der ein halbes Jahr später verstarb, hat es in einem Satz gesagt: Auch mein Leben befand sich in der Warteschleife. Aber nicht nur mein Leben, auch das meiner Frau. Und während ich dieses schreibe, klingelt das Telefon. Waren die 5,30 Stunden schon wieder um? Meine Frau. Ich habe das Ortsschild passiert. Wo stehst du? Es war schön, ihre Stimme zu hören, sie klang so fröhlich, so unbekümmert. Sie hatte auf jeden Fall ihren Weg gefunden und war glücklich, ihn gehen zu können.

Ich sagte ihr, wo ich mit dem Wohnmobil stehe, und kurze Zeit später klopfte es an meiner Tür. Ich fragte sie: „Willst du wirklich noch die zweite Etappe gehen?" Sie munter: „Aber natürlich. Okay, wir gehen einen Kaffee trinken, und sie macht sich weiter auf den Weg nach Calzadilla de la Cueza. Ich bleibe im Wohnmobil und schreibe noch weiter. Ich bin auf keinen Fall leidensfähig. Als ich die ganzen Therapien, die es gegen Krebs gab, gelesen hatte, wurde mir immer klarer: So etwas stehst du nicht durch. Alles, was zu jeder Therapie geschrieben wurde, war Schönfärberei. Von Menschen geschrieben, die nicht betroffen waren.

Ich schreckte aus meinen Gedanken hoch. Stellte fest, wir hatten schon Nachmittag. Ich musste mich so langsam auf den Weg machen. Also alles einpacken und dann los. Später bin ich dann in Calzadilla de la Cueza angekommen. Eine Herberge, ein Hostal und noch zehn Häuser. Kämen die Pilger hier nicht vorbei, könnte man den Ort schließen. Es war eine schwierige Etappe. Stundenlang Felder, flaches Land und starker Gegenwind, so wie Hanne mir erzählte. Außerdem war der Weg ziemlich ausgetreten und voller Kieselsteine. Als sie ankam, war sie ganz schön kaputt. Wir sind noch einen kleinen Rundgang zusammen mit dem Hund gegangen, haben dann geduscht und die Füße hochgestreckt. Aus lauter Sympathie taten mir auch die Waden weh.

*Die Motivation ist schon etwas rustikal.
Man kann natürlich auch ein Taxi anrufen.*

11.05.2007:
Freitag. Von Calzadilla de la Cueza nach Sahagún.
7 Stunden, 24 km.

Materialprüfung

Heute sind wir ziemlich müde aufgestanden. Wir waren recht mundfaul. Die zwei Etappen steckten ihr wohl doch noch in den Knochen. Ich litt mit. Hanne machte sich auf den Weg. Ich begleitete sie mit unserem Hund ein Stück auf dem Weg, bis dieser keine Lust mehr hatte. Der Weg führte überwiegend an der Hauptstraße, der N 120, entlang. Ich kehrte um und machte das Wohnmobil klar. Fuhr nach Sahagún. Ein unschöner Ort mit viel Industrie. Das einzig Interessante dort war die alte Kirche mit einer Klosterruine. Durch den Torbogen verlief die Hauptstraße.

Ich suche mir ein Cafe, setze mich draußen in die Sonne, trinke meinen Cafe con leche grande. Und überlege: Was kann ich heute Abend zu essen machen? Mir fällt nichts Besseres ein, daher kaufe ich in der Metzgerei zwei Rumpsteaks. In einer Bar kam ich mit einem Deutschen ins Gespräch, einem Bayern. Nicht gerade schlank, weshalb ich mich insgeheim fragte, wie schafft der das nur? Ich erkundigte mich, warum er den Weg geht. Er meinte, ich habe mein Geschäft verkauft und möchte mir darüber klar werden, wie ich meine Zukunft gestalte. Auch kein religiöser Hintergrund. So langsam bin ich etwas enttäuscht. Aber alle Achtung, er schleppt nicht nur einen Rucksack mit etwa 15 Kilo mit, sondern auch noch bestimmt ein Übergewicht von 30 Kilo. Der Camino scheint doch gewisse Energien abzugeben. Ich gehe zurück zum Wohnmobil und warte auf meine Frau. Sie lässt nicht lange auf sich warten und wir können uns noch in aller Ruhe einen Stellplatz suchen. Abends brate ich die beiden Rumpsteaks, die natürlich zäh wie Schuhsohlen sind. Ich schaue etwas schuldbewusst meine Frau an. Sie sagt zu mir: Man braucht halt eben für alles gutes Material, auch zum Kochen.

Auch wenn mein PSA Null anzeigte, so machte ich mir doch Sorgen. Gutes Material. Auch das war damals mein erster Gedanke. Man muss das Immunsystem stärken und womit? Natürlich mit Nahrungsergänzungsmitteln. Das war die Lösung.

Auf dem Weg wurde gutes Essen angeboten.

Keine Schuhsohle!

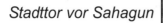

Stadttor vor Sahagun

12.05.2007:
Von Sahagún nach El Burgo Ranero,
5 Std., 18 km.

Überfordert

Heute kam eine relativ leichte Etappe dran. Nur fünf Stunden. Wir gehen heute Morgen noch in Sahagún über den Markt und kaufen etwas Obst und Gemüse ein. Unser 12 Volt Ladekabel für den Zigarettenanzünder, den wir für unsere Mobiltelefone brauchen, hatte den Geist aufgegeben. Wir kommen an einem Marktstand vorbei, bei dem mindestens 100 Kabel auf dem Tisch lagen.

Wir prüften verschiedene und siehe da, eines passte. Zufall? Ich war schon auf zig Märkten, aber keiner hatte Handyladekabel. Wir gingen zurück zum Wohnmobil, das vor der Pilgerherberge stand. Alle waren schon unterwegs. Es war 10 Uhr, und es kamen schon wieder neue Pilger an. Hanne machte sich fertig. Wieder Rucksack auf, Wasserflaschen angebunden, Reiseführer eingesteckt, zweites Paar Schuhe angebunden. Brot eingepackt usw. usw. Ein Astronaut hat es leichter. Der wird angezogen. Während Hanne sich auf den Weg macht, wurschtel' ich mich durch die Innenstadt. Endlich habe ich die Straße nach El Burgo Ranero gefunden.

Die Sonne scheint, und ich bin guter Dinge. Fahre über die Autobahn. An einer Tankstelle wird der Wassertank aufgefüllt und Schmutzwasser entleert. Hanne kann kommen. Wir haben genug Wasser zum Duschen. Der Ort liegt vielleicht drei Kilometer von der Autobahn entfernt. Man fährt ab und ist auf einmal in einer anderen Welt. Ein verschlafener Ort mit zwei Hostals, zwei Herbergen und zwei Restaurants, die sich gegenseitig Konkurrenz machen. Bei dem zweiten Restaurant ist das Pilgermenü 50 Cent preiswerter. Auf der anderen Straßenseite eine große, freie Wiese. Das war mein Stellplatz. Ich stellte das Wohnmobil dort ab und ging zur ersten Bar, um einen Kaffee zu trinken. Setzte mich draußen hin und bestellte mir einen Kaffee und zwei kleine belegte Schnittchen Brot. Nach einer Weile ging ich zum Bezahlen in die Bar. Ein Euro. Ich sagte dem Mädchen hinter der Theke, das ich noch zwei Schnittchen Brot hatte. Sie antwortete: „Für Pilger sind die Pinchos kostenlos." Ich erwiderte ihr, dass ich kein Pilger bin. Egal, ein Euro für den Kaffee und damit basta. In diesem Moment tat es mir leid, dass ich kein Pilger war.

Als ich zum Wohnmobil ging, kam mir in den Sinn, was Hanne in Longrono erlebt hatte. Eine ältere Galizierin sprach sie an, ob sie nach Santiago geht. Als Hanne das bejahte, gab sie ihr zwei Euro und nahm ihr das Versprechen ab, einen Euro der Virgen de Santiago zu spenden. Den anderen Euro sollte sie behalten für ihre Mühe. Seltsam gerührt ging Hanne weiter. Da war es auf einmal, was viele von uns verloren haben. Das Urvertrauen. Das Vertrauen zu einem Anderen. Das Vertrauen zu Gott. Das Vertrauen zu unserem Körper. Es ist der Camino, der einem das Vertrauen vermittelt. Man muss ihm einfach vertrauen, denn ohne Vertrauen, dass einem nichts passiert, braucht man den Weg erst gar nicht zu gehen.

Ich hatte mein Vertrauen zur Medizin verloren. Ich muss mich selbst um meine Krankheit kümmern. Aber wie? Mit meinem Gemüsedrink? Meine vierteljährlichen Nachuntersuchungen, die ich mittlerweile nur noch in Deutschland vornahm, lieferten immer das Ergebnis PSA 0. Es war wohl doch nur eine Irritation. Aber die Angst blieb. Es war immer ein Gefühl in mir, wie die Ruhe vor dem Sturm. Wir hatten Mitte 1999. Mittlerweile war ein guter Bekannter auf der Insel an Lungenkrebs erkrankt. Meine geschiedene Frau war an Lungenkrebs erkrankt. Mein Rechtsanwalt in Deutschland hatte Magen- und Darmkrebs. Nein, das sollte mir nicht noch einmal passieren. Ich wollte vorbereitet sein, deshalb fing ich an, auf jeden Hinweis zu achten, den es über Krebs gab.

Das Handy klingelt. Meine Frau. „Ich sehe die ersten Häuser, wo kann ich dich finden?" Ich antworte ihr: „Wie immer, am Camino." Fünf Minuten später sehe ich mein Pilgerin kommen. Sie humpelt, und ihr Gang ist schleppend. Sie macht kleine Schritte und muss sich auf den Stöcken abstützen. Ich gehe ihr entgegen und sehe in ihrem Gesicht die Schmerzen, die sie hat. Die Tränen zurückhaltend klagt sie über wahnsinnige Schmerzen im rechten Schienbein. Der Camino, doch ein Leidensweg? Ihre größte Sorge. Mit diesen Schmerzen kann ich den Camino nicht zu Ende laufen. Bei diesem Gedanken schießen ihr die Tränen ins Gesicht. Ich versuche sie zu beruhigen. „Nun komm erst mal zur Ruhe, Rucksack runter und dir Erleichterung verschaffen. Hast du schon etwas gegessen? Ruhe dich erst einmal aus. Komm, wir setzen uns draußen in die Sonne vor dem Restaurant. Es gibt hier ein Menü für Pilger." Ich bin genauso aufgeregt wie meine Pilgerin. Gesagt, getan.

Wir setzen uns, das rechte Bein wird hochgelegt und wir bestellen uns jeder einen Sandy (Bier + Limonade) sowie je ein Pilgermenü. Nach den Erfahrungen vom Vorabend mit den Rumpsteaks ist mein Bedarf an selber Kochen gedeckt. So langsam beruhigen wir uns, diskutieren und kommen zu dem Schluss: Die beiden zusammengelegten Etappen waren wohl doch zuviel. In ihrem Tagebuch hat Hanne gestern geschrieben: Schmerzen im rechten Schienbein. Der Schmerz war also gestern schon da. Einfach ignoriert. Ja, Ja, der Körper lässt sich nicht überlisten. Er meldet sich, aber anstatt auf ihn zu hören und die Signale zu beachten, machen wir weiter. Trotz der Aufregung haben wir unser Pilgermenü genossen. Wir kommen zu dem Ergebnis: Es hat keinen Zweck. Wir müssen wenigstens einen

Tag Pause einlegen. Wir bestellen die Rechnung, bezahlen und wollten gerade aufstehen, da kommt die Kellnerin mit zwei weißen T-Shirts, bedruckt mit einem Pilger, und schenkt sie uns. Wir sind sprachlos. Ich habe wieder ein schlechtes Gewissen und bin irgendwie traurig, das ich den Camino nicht laufe. Um wie viel mehr Eindrücke ist meine Frau reicher, obwohl sie in ihrem Tagebuch schreibt: „Der Schmerz von gestern ist wieder da. Schwer, fröhlich weiter zu laufen. Die Zeit vergeht sooo langsam."

Wir überlegen. Wo sind wir am besten aufgehoben? Wir sind kurz vor Leon und sicher, dort gibt es einen Campingplatz. Also auf nach Leon. Dann müssen wir halt eine Etappe überspringen. Am Ortseingang von Leon das erste Schild gesehen. Campingplatz. Dann folgen keine weiteren mehr. Verzweifelt fahren wir suchend durch Leon. Wieder dahin zurück gefahren, wo wir das erste Schild gesehen haben. So kommen wir nicht mehr weiter. Also fragen.

Angekommen in El Burgo Raneiro. Die Beine schmerzen.

Ja, es gibt da einen. Man weist uns den Weg. Etwas abseits, auf dem Berg. Wir fahren hoch und sehen nur Baustellen. Es wird eine neue Siedlung gebaut. Hinter den Neubauten geht eine kleine Straße bergab. Da endlich ein Schild. Campingplatz. Wir fahren runter. Wie sollte es anders sein. Geschlossen. Tief enttäuscht und mit einer Egal-Stimmung fahren wir nach außerhalb von Leon und suchen uns einen Stellplatz. In einem kleinen Ort finden wir ein großes Wiesengelände mit einer tollen Aussicht.

13.05.2007:
Sonntag. Von Leon mit dem Wohnmobil nach Villadangos del Páramo.

Signale

Der Stellplatz ist zwar toll, aber ungeschützt. Die Nacht war mehr als stürmisch. Der Wind und die Regenböen schüttelten unser Wohnmobil richtig durch. An Schlafen war kaum zu denken. Meiner Pilgerin geht es nicht besser. Tiefe Traurigkeit. Die Reise abbrechen? Wir lassen es heute Morgen ganz langsam angehen. Zuerst einmal wird geduscht, dann üppig gefrühstückt. Wind und Regen haben nachgelassen. Die Sonne blinzelt hinter den Wolken hervor, als wenn sie sagen wollte: Es wird schon, habt Vertrauen.

Wir beschließen, uns erst einmal Leon anzuschauen. Mit dem großen Wohnmobil fahren wir in die enge Altstadt. Warum, wundere ich mich, sind die Altstädte immer eng. In der Nähe der Kathedrale haben wir einen freien Parkplatz gefunden. Verdammt, die gelben Striche auf der Straße weisen darauf hin, dass hier nur Busse halten dürfen. Schräg gegenüber am Kreisverkehr sehen wir einen Polizisten. Hanne humpelt hin und fragt ihn. Kein Problem, bleibt ruhig stehen.

Wir gehen zur Kathedrale, sie ist geöffnet, und wir können sie besichtigen. Als wir herauskommen, sehen wir gegenüber das Informationsbüro. Hanne geht hinein und fragt nach einem Campingplatz. Die Dame kennt einen, allerdings ist dieser in Villadangos del Páramo. Etwa zehn Kilometer von Leon entfernt in der Nähe des Caminos. Zurück zum Wohnmobil und auf zu diesem

Campingplatz. Wir kommen durch die Vororte von Leon, wo riesige neue Industriegebiete gebaut werden. Wir zweifeln schon, ob wir richtig sind. Dann aber das Hinweisschild: „Villadangos del Páramo". Also noch fünf Kilometer. Im Ort angekommen haben wir gleich das Schild zum Campingplatz gesehen, uns dann mit dem Wohnmobil durch die kleinen Gassen gezwängt, bis ein Waldstück kam. Links sehen wir ein Freibad, natürlich geschlossen. Uns kommen Zweifel, ob wir überhaupt richtig sind. Nach etwa 500 Metern liegt ein Baum quer über der Straße. Der Sturm diese Nacht war wohl doch etwas heftiger. Wir steigen aus und gehen zu Fuß bis zur nächsten Gabelung und sehen links den Campingplatz und rechts die viel befahrene N 120. Von der N 120 gibt eine direkte Abfahrt zum Campingplatz. Wir gehen zurück zum Wohnmobil, kurven durch die Ortschaft zur N 120 und kommen problemlos zum Campingplatz. Hurra, endlich Ruhe. Den restlichen Tag mit Relaxen verbracht.

Abends kann ich lange nicht einschlafen. Das mit dem umgestürzten Baum war doch irgendwie auch ein Hinweis. Wenn man meint, es geht nicht mehr weiter, sollte man den Weg ändern.

In meinen Kopf liefen wieder die Bilder der letzten zehn Jahre ab. Ich dachte so, mein Gott, gibt es wirklich nur diesen einen Weg? Da Gott nicht direkt antwortete, gab er mir einen Hinweis. Ein entfernter Onkel von mir war verstorben. Beim Besuch meiner Tante, wir konnten leider zur Beerdigung nicht kommen, sagte sie zu mir: Wenn du möchtest, dann such Dir ein paar Bücher aus. Ich schenke sie dir. Beim Stöbern fiel mir ein Buch in die Hände mit dem Titel: Trau keinem Doktor. Bekenntnisse eines medizinischen Ketzers. Von Dr. med. Robert S. Mendelsohn. Aufgelegt 1988.

Mein Interesse war geweckt, und ich sagte zu meiner Tante. Das nehme ich. Innerhalb zweier Tage hatte ich das Buch durchgelesen. Sollte das wirklich stimmen, was der Arzt dort schreibt über

„Gefährliche Diagnose" oder „Die medizinische Vorsorge ist schlimmer noch als ärztliches Heilen"? Die Schulmedizin wird in diesem Buch förmlich an den Pranger gestellt.

Das kann doch nicht sein, aber andererseits, wenn das alles Lügen sind, so wäre das Buch doch bestimmt verboten worden. Als ich das Buch gelesen habe, schlage ich es zu, legte es an die Seite und denke mir: Ich fühle mich bei meinen Ärzten gut aufgehoben. Es mag ja einzelne Fälle geben, wo so etwas vorgekommen ist. Aber bei mir bestimmt nicht. Ich ignoriere diesen Hinweis.

Endlich schlafe ich ein. Ich habe eine unruhige Nacht, wälze mich von einer Seite auf die andere und bin froh, dass die Nacht vorüber ist. Ich komme immer mehr zu dem Schluss, dass dieser Weg, auch mit dem Wohnmobil gefahren, zum Nachdenken zwingt.

Leon aus dem Cafe fotografiert

14.05.2007:
Villadangos

Erholen

Heute haben wir einen Ruhetag eingelegt. Hanne hat immer noch starke Schmerzen, und es hat keinen Zweck, weiterzulaufen. Der Campingplatz ist in Ordnung, wenig Betrieb und viel Ruhe. Mittags Formel I auf einer großen Leinwand angeschaut und einfach nur relaxt.

Auf dem Campingplatz in Villadangos

15.05.2007:
Von Villadangos nach Hospital de Órbigo,
ca. 14 km, 5 Std.

Dankbarkeit

Meiner Pilgerin geht es etwas besser, so dass sie sich entschlossen hat, heute weiterzulaufen. Wir haben in aller Ruhe gefrühstückt und sie hat sich dann fertig gemacht, um zu testen, ob der Schmerz auszuhalten ist. Hanne macht sich so gegen 10.30 Uhr auf den Weg. Diese Etappe verläuft direkt neben der N 120. Ein staubiger Fußweg, aber alles in allem ohne Steigung.

Ich kümmere mich wieder um unser Wohnmobil und genieße es, noch etwas in der Sonne zu sitzen. Gegen zwei Uhr mache ich mich auf den Weg, denn 14 Kilometer mit dem Auto sind nur eine halbe Stunde Fahrzeit. Kurz vor Órbigo sehe ich meine Pilgerin neben der Landstraße laufen. Ich halte bewusst nicht an, sondern winke nur und gebe Zeichen, dass ich bis zum Ort fahre. Ich nehme die Abfahrt Órbigo von der N 120 aus und fahre in die Ortschaft. Falsche Abfahrt. Vor einer lang gezogenen Brücke mit bestimmt 20 Torbögen muss ich anhalten. Nur für Fußgänger. Die Brücke ähnelt einem Eselsrücken. Einmal im Jahr, und zwar am 25.Juli, finden hier Ritterspiele statt.

Die langgezogene Brücke über einen Fluss: Die großen, freien Plätze unterhalb der Brücke lassen einen erahnen, was sich hier im Juli abspielt. Im Geiste sehe ich die aufgebauten mittelalterlichen Zelte. Die Pferde. Die Ritter in ihren Rüstungen. Die bunten Gewänder. So muss es tatsächlich hier im Jahr 1434 ausgesehen haben.

Ich stelle mein Wohnmobil ab und gehe meiner Frau entgegen, um ihr gegebenenfalls zu helfen. Sie kommt mir mit einem etwas verkniffenen Gesicht entgegen. Auf die Frage „Wie geht es dir?" kommt nur die kurze Antwort: „Es geht schon." In ihrem Tagebuch hat sie geschrieben: „Wenn der Schmerz überwiegt, fällt selbst das Nachdenken schwer."

Sie wollte auf gar keinen Fall zugeben, dass eventuell Probleme auftreten könnten. Wir gingen dann gemeinsam über diese Brücke zur Ortsmitte. Hanne holte sich in einer Herberge den wichtigen Stempel ab, den Nachweis, dass sie hier gewesen ist. Dann erst einmal etwas trinken. In einem kleinen Restaurant wurde wieder ein Pilgermenü angeboten. Schnell entschlossen gingen wir hinein und bestellten. Gut gegessen und dabei eine halbe Flasche Wein getrunken. Die Welt war fast wieder in Ordnung.

Beim Essen haben wir dann beratschlagt, wo wir uns für diese Nacht mit dem Wohnmobil am Besten hinstellen könnten. Uns fiel beiden sofort dieser Platz unter der Brücke ein. Wir fragten den Kellner, der war der Meinung, dass wir problemlos dort stehen können. Also zurück über die Brücke zum Wohnmobil. Die nächste Abfahrt Órbigo genommen und auf dem großen Platz neben der Brücke geparkt.

Hier konnten wir auch unsere Campingstühle auspacken, so dass wir außerhalb des Wohnmobils sitzen konnten, um die Sonne zu genießen. Zum Abend hin wurde es kühler. Wir wollten unsere Stühle einpacken, als ein älteres Ehepaar aus Münster uns ansprach, und fragte, woher wir kommen. Sie hätten unser Wohnmobil schon einmal gesehen. Wir erzählten freimütig, dass meine Frau den Weg läuft und ich sie mit dem Wohnmobil begleite. Zum Schluss fragte ich die beiden, warum lauft ihr den Weg. Die Antwort war verblüffend. Wir sind seit vier Jahren verheiratet, und wir wollen testen, ob wir auch gemeinsam in dieser Enge zusammen leben können.

Da war sie wieder, die Hängebrücke mit den beiden Seilen. Nur bei dem, der die beiden Seile nicht zu lang werden lässt, stimmt die Statik. Wir hatten nur noch ein Seil, was durch meine Gemütsschwankungen arg strapaziert wurde. Es kam das Jahr 2000 auf uns zu. Was wurde nicht alles in der Presse an Horrormeldungen geschrieben. Ich denke nur daran, dass alle Computer zusammenbrechen könnten, usw. usw.

Eines sollte und durfte nicht zusammenbrechen: unsere Liebe. Wäre das Seil gerissen, ich glaube, damit wäre mein Überlebenswille gestorben. Wir beratschlagten zusammen, was machen wir Silvester 2000. Es ist doch ein besonderer Tag. Also müssten wir doch etwas Besonderes unternehmen. Groß feiern? Unter Menschen? Fröhlich und ausgelassen sein? Halt stopp, sagt meine Frau. Ich glaube, etwas Dankbarkeit darüber, dass du noch lebst, wäre wohl eher angebracht. Ich schaute sie an und sah in ihren Augen, dass sie mich immer noch liebte. Ja, sie hatte recht, aber wo und bei wem soll man sich bedanken?

Weißt du was? Wir fahren zum Kloster Randa, von dem man aus die ganze Insel übersehen kann, und wir bedanken uns einfach bei unserem Schöpfer. Der Gedanke gefiel mir. Mit meiner Frau, die ich immer noch so liebte wie am ersten Tag, gemeinsam Händchen haltend ins neue Jahr. Millennium, du kannst kommen. Ich bereitete eine Gulaschsuppe vor. Nahm eine Gasflasche und einen Gasring mit, damit wir um Mitternacht eine warmes Essen hatten.

Eine Gaslampe nahmen wir auch noch mit, denn wir wussten, auf dem Klosterhof ist es dunkel, und die Sterne gaben nicht genug Licht. Kurz vor 23 Uhr waren wir am Kloster. Packten unsere Sachen aus. Breiteten die Decken aus und waren gerade dabei, es uns gemütlich zu machen, als wir immer mehr Autolichter sahen, die den Berg herauf kamen. Nichts mit Einkehr und Ruhe. Kurz vor

Mitternacht war der Klosterplatz voll von Menschen, die die gleiche Idee hatten wie wir. Kurz nach zwölf sahen wir das Feuerwerk in weiter Ferne über Palma, steckten den Gasring an und zündeten unsere Gaslaterne an, damit wir genug Licht zum Kochen hatten. Auf einmal waren wir umringt von Menschen, die es super fanden, dass wir eine Mitternachtssuppe dabei hatten. Ich fing an, sie in Bechern zu verteilen. Meine Frau machte die Flasche Sekt auf, und wir wünschten uns ein frohes neues Jahr. Die Suppe muss wohl sehr gut gewesen sein, denn als ich etwas wollte, war nichts mehr da.

Unser Wunsch war erfüllt worden. „Wir hatten unseren Berg, waren Gott etwas näher gerückt, waren unter Menschen und konnten im Dunkeln Händchen halten."

Zuversichtlich gingen wir in das neue Jahr 2000.

Eselsbrücke in Hospital de Órbigo

16.05.2007:
Mittwoch. Von Hospital de Órbigo nach Astorga.
5 Stunden, 18 km.

Raumforderung

Zuversichtlich begann auch dieser Tag. Hanne hatte weniger Schmerzen. Die Sonne schien. Nur unser Hund, den wir schon mit einer unerklärlichen Krankheit mitgenommen hatten, lag apathisch unter dem Tisch.

Wir sahen bereits die ersten Pilger, die sehr früh gestartet waren, über die Brücke ziehen und waren wieder froh, dass wir nicht in den Herbergen übernachten mussten. Die Welt war in Ordnung. Ich drängte meine Frau förmlich, endlich loszugehen. Es war ein schöner Morgen. Endlich, meine Frau machte sich auf den Weg. Schnell das Wohnmobil aufgeräumt und zum nächsten Supermarkt gefahren. Auf dem Weg dorthin erbrach sich unser Hund und der ganze Boden war voller Schleim. Gerade mir muss so etwas passieren. Augen zu und durch. Bin zur nächsten Tankstelle gefahren. Hund raus, Teppiche raus, zum nächsten Wasserkran und mit Schwamm und Bürste das Wohnmobil sauber gemacht. Hund beruhigt und dann weiter gefahren nach Astorga. Die Stadt Astorga ist eine mittelgroße Stadt mit einer verspielten Kirche und einer wuchtigen Stadtmauer. Verdammt, ich bin prädestiniert dafür, immer die engsten Gassen zu treffen. Also wieder zurück und eine andere Zufahrt zur Stadt gesucht. In der Nähe der Kirche einen Parkplatz gefunden, den Hund herausgelassen und die nassen Teppiche zum Trocknen auf die Bühne gelegt. Zigeuner lassen grüßen.

Jetzt erst einmal eine Pause einlegen. Vor der Kirche an einer Bar standen Tische und Stühle, sodass ich mich draußen hinsetzen konnte. Ach ja, diesen Kaffee hatte ich mir verdient. Hier konnte ich auch auf meine Frau warten. Der Camino lief direkt an der Kirche vorbei. Er war nicht nur gut beschildert, sondern die Pilger kamen auch wie aufgereiht vorbei.

Pünktlich um 15 Uhr ging mein Handy. Ich sehe die Stadtmauern, wo treffen wir uns? Ich brauchte nur zu sagen: Folge dem Weg, und du findest den Jakob. Eine halbe Stunde später war meine Frau da, setzte sich und wir bestellten noch einen Kaffee für sie. Wir machten noch einen Rundgang durch die Stadt, und gingen etwas essen. Dann aber auf zum Wohnmobil, denn ab jetzt nahm unser Hund unsere ganze Aufmerksamkeit in Anspruch. Der Ort hatte eine ausgewiesene Ent- und Versorgungsstation sowie einen Stellplatz, zu dem wir fuhren.

Wir haben alle verfügbaren Handtücher ausgelegt. Auf dem Boden war es wohl zu kalt für unseren Hund, weshalb wir auf unserer zweisitzigen Couch einen Bademantel auslegten, damit der Hund es von unten her warm hatte. Sein Lieblingsplatz war schon immer der Fahrersitz, wenn wir standen, so dass er jetzt drei Plätze einnahm. Der Hund forderte jetzt im kranken Zustand viel Raum.

Raum, Raum fordern, Raumforderung. Wo hatte ich das schon einmal gehört. Ach ja, Mitte 2002. Ich war in Palma beim ärztlichen Durchchecken. Mein PSA-Wert hatte sich seit Februar 2001 vierteljährlich um 0,5 erhöht und ich war mittlerweile bei PSA 3,3 angelangt. In diesem Zusammenhang wurde auch eine Ultraschalluntersuchung durchgeführt. Bei dieser Untersuchung stellte man dann ein kreisrundes Etwas in der linken Niere fest, was man vorsichtig als Raumforderung bezeichnete. Im Klartext: Es muss ein Tumor sein. Ich merkte ein leichtes Zittern, das sich über den ganzen Körper ausbreitete. Ich merkte, wie die Panik mich übermannte. Bisher hatte ich mich bei jeder PSA-Erhöhung gesträubt, etwas zu unternehmen. Diese Diagnose traf mich wieder unvorbereitet. Sollten die Mediziner Recht haben, die behaupteten, dass fast jeder Krebs tödlich ist und es nur die Möglichkeit gibt, das Leben zu verlängern?

Was diese Raumforderung bedeutete, war klar. Die Niere muss raus. Ich musste an meine geschiedene Frau denken, die vor kurzem verstorben war. Sie hat sich immer und immer wieder operieren lassen, bis sie zum Schluss doch noch die Chemotherapie bekam. Mein Bekannter mit Lungenkrebs war mittlerweile trotz sofortiger Chemotherapie auch nach etwa drei Jahren verstorben. Wann bin ich dran? Immerhin sind mittlerweile nach der Operation fünf Jahre vergangen.

Was habe ich in der Vergangenheit nicht alles getan. Auf meiner Suche nach einer Alternative stieß ich auf das Buch von Andrea Ehring: Papaya, das Krebsheilmittel der Aborigines. Fortan gab es jeden Tag Papayasaft zu trinken. Im Fernsehen bei Pastor Fliege wurde ein Mann vorgestellt, der Krebs hatte und sich mit einem Produkt aus Japan geheilt hatte. Es hieß Man-Koso 3000. Ein fermentiertes 3 Jahre altes Lebensmittel.

Fast eineinhalb Wochen habe ich gebraucht, bis die Telefonleitung nicht mehr besetzt war und ich meine Bestellung aufgeben konnte. Dieses kleine Töpfchen kostete allerdings nur 350 DM. Dann war „Noni-Saft" in aller Munde, und vieles mehr. Mein PSA-Wert war trotzdem gestiegen. Mein Leben befand sich auch nach fünf Jahren immer noch in der Warteschleife.

Ein Freund ruft an, ihm ist ein Buch in die Hände gefallen. Er leiht es mir, aber nur unter der Bedingung, dass ich es sofort lese, denn das sei die Lösung meines Problems. Heilverfahren aller Krebsarten von Hulda Reger Clark, Ph. D. N. D. In diesem Buch wird davon ausgegangen, dass der Mensch unter Parasitenbefall leidet (Darmegel, Leberegel). Für die Behandlung wurde ein so genannter „Zapper" angeboten, der eine für die Parasiten tödliche Biofrequenz aussendet. Des weiteren muss man Schwarzwalnuss-tinktur, Wermutkapseln und Nelken einnehmen. Ich habe das Buch innerhalb eines Tages ausgelesen.

Ja, das hörte sich alles stimmig an. Es war auch sofort jemand da, der mir den Zapper verkauft hat, und die Tinktur, Kapseln und Nelken konnten auch sofort bestellt werden.

Fortan saß ich jeden Abend vor dem Fernseher mit dem Zapper in der Hand und machte die 14-tägige Kur. Suchte nach jedem Stuhlgang die Toilette nach toten Darmegeln oder Leberegeln ab. Selbst nach zweimaliger Kur konnte ich keine finden. Und jetzt eine Raumforderung in der linken Niere. Es war hoffnungslos. Kurzfristig einen Flug nach Deutschland gebucht. Am Abend vor dem Abflug waren wir noch bei Freunden. Der Abend verlief recht schweigsam, denn keiner wusste, was er sagen sollte. In solch einer Situation kommen einem die Minuten wie Stunden vor. Ich glaube, sie waren froh, als wir uns nach zwei Stunden verabschiedeten.

Heute weiß ich, ich war selbst zur Raumforderung geworden. Durch meine Krankheit forderte ich immer mehr Raum. Ich blähte mich förmlich auf und ließ meinem Partner keinen Platz mehr.

Wieso wird mir das erst heute klar?

Es muss am Camino liegen. Irgendwie sehe ich die letzten zehn Jahre wie einen langen Läufer, der sich bei jeder Etappe immer mehr ein Stückchen aufrollt. Ich hoffe, dass ich ihn am Ende des Weges ganz aufgerollt in die Ecke stellen kann. Jedem, dem die Diagnose Krebs gestellt wird, und der noch laufen kann, sollte den Camino gehen und sich die Frage stellen: Will ich eine Raumforderung werden? Ihm wird klar werden, wo der Schuh drückt. Der Körper reagiert sofort mit einer Blase. Ihm wird auch bewusst, dass sein Rucksack am Anfang des Weges zu schwer bepackt war. Ihm wird klar, dass er auch im Leben Ballast abbauen muss.

Ich schreckte aus meinen Gedanken hoch, sah unseren Hund, die kleine Raumforderung, schluckte und ging nach draußen, damit meine Frau meine Tränen nicht sah.

Auch dieser Abend verlief recht schweigsam. Wir waren beide ratlos und wussten nicht, was wir noch hätten tun können.

Rathausplatz in Astorga

17.05.2007:
Von Astorga nach Rabanal del Camino.
6 Stunden, 20 km.

Wegweiser

Unser Hund hatte diese Nacht zwar oft geröchelt, laut geschluckt, aber sich nicht mehr erbrochen. Es war trotzdem eine unruhige Nacht. Zur gewohnten Zeit machte Hanne sich wieder auf den Weg. Wir standen etwas abseits vom Camino, so dass Hanne bestimmt noch einen Kilometer mehr laufen musste.

Ich versorgte den Hund, räumte unser Wohnmobil auf und setzte mich dann auch in Bewegung. Während ich den Weg suchte, fiel mir ein großes Reklameschild auf, „Mercadona", ein großer spanischer Einkaufsmarkt, den ich von Mallorca kannte. Hier, so wusste ich, bekomme ich alles, was wir an Lebensmitteln gewohnt waren. Unter anderem Quark mit der Fettstufe 0 %, den wir für unser morgendliches Frühstück brauchten. Ich hatte ja Zeit und machte mich also auf die Suche. Der Laden war natürlich versteckt in kleinen Straßen und der ausgewiesene Parkplatz war, wie sollte es auch anders sein, ein Parkhaus. Ich fand erst nach etwa 800 Metern einen geeigneten Parkplatz. Der Weg war für mich schon ein kleiner Camino.

Dann habe ich die Regale abgesucht und keinen Quark gefunden. Das Fach war leer. Ich fragte eine junge Verkäuferin „Donde está queso fresco?" (Wo steht der Quark?) Sie lächelte mich an und ging mit mir auf die Suche. Sie stellte fest, das Fach war wirklich leer. Sie telefonierte und fragte im Lager nach, ging dann zum Lager und holte mir drei Dosen a 500 Gramm. Damit waren die nächsten eineinhalb Woche gesichert. Da sie mir meine Hilflosigkeit ansah, half sie mir, alles zu finden, was ich noch einkaufen wollte. Bei so viel Freundlichkeit war mein Ärger darüber, dass ich wieder 800 Meter zurück zum Wohnmobil musste, verflogen. Ja, ja, so hübsche junge Mädchen können schon Energien freisetzen. Auf jeden Fall ging ich aufrechter wieder zurück, als ich gekommen war.

Wie die Zeit verfliegt. Es war schon wieder 13 Uhr und Hanne war bereits vier Stunden auf dem Weg. Schnell unserem Hund frisches Wasser gegeben und die Fressschüssel gefüllt. Er sieht gar nicht gut aus. Liegt nur auf der Seite, kann kaum aufstehen und schaut mich mit tief traurigen hilfesuchenden Augen an. Ich streichle ihn kurz, sage ein paar tröstende Worte, starte den Motor und fahre los. Den Camino zu finden war kein Problem, der war gut gekennzeichnet, denn man brauchte nur den Pilgern zu folgen.

Aber wo ist der Wegweiser, der uns den Weg zur Gesundung zeigt?

Die gleiche Ratlosigkeit, die ich bei der Krankheit unseres Hundes hatte, hatte ich auch nach der Diagnose „Raumforderung". Es blieb mir wieder nichts anderes übrig, als nach Deutschland zu fliegen, um mich untersuchen zu lassen. Also ab in den Flieger und los. Die Angst flog mit. Ich konnte sie nicht zurücklassen. Ich suchte die Hand meiner Frau, und Händchen haltend flogen wir nach Düsseldorf. Ich brauchte diesen Halt.

Ich schreckte hoch. Es kam mir ein Lkw entgegen. Wir mussten beide anhalten und fuhren im Schritttempo aneinander vorbei. Die Straße bedurfte wieder meiner Aufmerksamkeit. Ich schaute auf die Straßenkarte, um festzustellen, wo ich bin. Ich war kurz vor dem Ort El Ganso. Ich überlegte, zeitmäßig könnte Hanne schon hier irgendwo sein. Nahm mein Handy. Wählte Hannes Nummer und drückte den Wählschalter. In diesem Moment kam eine SMS von meiner

Frau. „Ich liebe Dich". Ich schluckte. Heute scheint mein Schlucktag zu sein. Ich drückte die Wahlwiederholung und sagte immer noch schluckend „Ich Dich auch". Dann fragte ich sie: „Wo bist du?" – „Ich gehe gerade durch El Ganso, und wo bist du?" – „Mensch, was für ein Zufall, habe gerade vor El Ganso angehalten, um mit dir zu telefonieren."
„Dann können wir ja hier zusammen eine Tasse Kaffee trinken gehen." Ich suchte mir einen Parkplatz und ging meiner Frau entgegen. Als wir uns sahen und uns in die Augen schauten, wusste ich, ich brauche keine Wahlwiederholung. Ich hatte vor 25 Jahren die richtige Wahl getroffen.

Jetzt schnell ein Café suchen, damit Hanne sich danach gleich wieder auf den Weg machen konnte, denn sie hatte noch etwa eine Stunde zu laufen. Während wir Kaffee tranken, erzählte mir Hanne, dass am Ortseingang am Camino ein alter Mann säße und Wanderstöcke sowie Jakobsmuscheln verkaufe. Jeder Pilger, der an ihm vorbei komme, dem flüstere er zu: „Die erste Bar ist viel zu teuer, ihr müsst die zweite nehmen." Ich musste schmunzeln und sagte: Den musst du mir zeigen. Also los. Hanne zeigte ihn mir. Mit seinen vielen Wanderstöcken, getrockneten Kürbisflaschen und bemalten Jakobsmuscheln war er schon ein Original. Da ich ja mit dem Wohnmobil da war, haben wir ihm mehrere Stöcke und Muscheln als Mitbringsel für unsere Freunde abgekauft.

Jetzt aber los. Hanne machte sich auf den Weg nach Rabanal del Camino. Ich fuhr auch direkt weiter, denn ich musste ja in Rabanal einen Stellplatz für unser Wohnmobil suchen. Die Stunde für Hanne fuhr ich in zehn Minuten. Rabanal, eine kleine Ortschaft, die von den Pilgern lebt. Der Camino führte durch die Ortschaft hindurch. Auf beiden Seiten Haus an Haus, etwa 500 Meter lang, und dann kam wieder Landschaft. Also gab es im Ort keine Möglichkeit, sich irgendwo mit dem Wohnmobil hinzustellen. Am Ortsende habe ich dann endlich ein großes Stück Wiese gefunden. Es war ein idealer Platz. Ich holte die Campingstühle heraus und half unserem Hund die Treppe aus dem Wohnmobil herunter. Herrchen und Hund brauchten etwas Auslauf. Also los, wir gehen Frauchen entgegen. So steif und unbeholfen wie unser Hund lief, tat er mir richtig leid. Aber Bewegung muss sein. Wir gingen den Camino durch die Ortschaft zurück.

Wir hatten die Hälfte des Weges zurückgelegt, da rief Hanne schon an. „Ich bin am Ortseingang, wo bist du?" Da wir auf demselben Weg waren, konnten wir uns nicht verfehlen. Der Camino führte uns zwangsläufig zusammen. Wir gingen zusammen zum Wohnmobil und genossen die Abendsonne.

Die Welt war in Ordnung.

Eine Frau die vor ihrem Haus näht

18.05.2007:
Rabanal Del Camino – Krankentag

Strahlenschutz

Gestern Abend war die Welt noch in Ordnung. In der Nacht war es dann mit der Ordnung vorbei. Unser Hund Sheila hat in der Nacht viermal erbrochen. Außerdem hatte sie Schaum vor dem Maul und lag immer apathisch auf der Seite. Meine Frau, in dieser Hinsicht etwas rustikaler als ich, stand jedes Mal auf und hat wieder saubergemacht. Ich hatte die Vogel-Strauss-Politik vorgezogen. Kopf unters Kopfkissen und nichts sehen und hören. Ich bin halt doch ein Warmduscher. Jedenfalls war es eine sehr unruhige Nacht.

Beim Frühstück haben wir dann beschlossen: So geht es nicht weiter. Wir müssen mit unserem Hund zum Tierarzt. Nächster größerer Ort war Astorga. Also mit dem Wohnmobil wieder zurück nach Astorga. Wir kannten uns mittlerweile schon ganz gut aus, brauchten nur einmal zu fragen und hatten dann direkt den Tierarzt gefunden. Es war eine Ärztin. Sie untersuchte unseren Hund gründlich. Konnte aber nichts feststellen. Der Hals war stark geschwollen, so dass wir vermuteten, es hat sich ein Fremdkörper festgesetzt. Es musste also geröntgt werden. Der nächste Tierarzt mit Röntgengerät war in La Bazenar. Er hatte aber erst einen Termin um 17 Uhr für uns. Trotzdem sofort nach La Bazenar gefahren und gewartet. Endlich 17 Uhr. Die Tür wurde geöffnet und ein junger Tierarzt stand vor uns, einen ehemals weißen Kittel an, der vielleicht vor sechs Wochen mal gewaschen wurde. Egal, es kommt ja auf die Qualifikation an. Er bat uns in seine Praxis, die man durch ein Geschäft erreichte. Nach gründlicher Untersuchung kam auch er zu Schluss, es muss geröntgt werden. Er bat uns in einen Nachbarraum, in dem das veraltete Röntgengerät stand, legte den Hund auf die Platte und gab uns zu verstehen, wir sollten den Hund ruhig halten, damit er die Aufnahme machen könnte. Zog sich seine Bleischürze an, ging nach draußen und machte die Aufnahme, während wir den Hund festhielten.

Ich merkte, wie es in mit leicht anfing zu kribbeln, wie ich meinen aufkommenden Zorn unterdrücken musste. Röntgenstrahlen sind nur schädlich für den Arzt? Nur der muss sich schützen? Aber was tut man nicht alles für seinen Hund.

Mir kamen die Bilder wieder vor Augen, als ich in derselben Lage war, das man keine Diagnose stellen konnte. Der Flug nach Düsseldorf war ruhig. Keine Turbulenzen. Wenn, ja wenn diese Raumforderung nicht wäre, dann hätte ich den Flug genießen können. Der Termin war für den nächsten Tag angesetzt, wie immer 11 Uhr. Pünktlich waren wir da. Unser Professor, freundlich wie immer, sagte zu mir. „Erst einmal machen wir eine Ultraschalluntersuchung." Das hatten wir doch schon. Die Bilder der Ultraschalluntersuchung von Mallorca hatte ich doch mitgebracht. Wahrscheinlich ist das Gerät hier besser.

Nach gründlicher Untersuchung kam mein Professor zu dem Ergebnis: Es handelt sich um eine Nierenzyste. Also unbedenklich. Aber um ganz sicher zu gehen, machen wir noch eine CT. Verdammt noch mal, ich wollte mich doch nicht mehr röntgen lassen. Die letzten Male habe ich auf einer Kernspintomographie bestanden, weil da die Strahlenbelastung unbedenklicher sein soll. Mir wurde erklärt, auf dem CT-Bild ist mehr zu erkennen. Also wieder Kontrastmittel, nein, ich habe keine Jodallergie, und dann ab in die Röhre.

Gott sei Dank, ohne Befund. Auch die CT ergab eine Nierenzyste. Die ganze Untersuchung hatte aber nichts an meinem erhöhten PSA-

Wert von 3,86 geändert. Mein Professor meinte, wir (ich) müssten so langsam Maßnahmen ergreifen. Im Moment wollte ich davon nichts hören. Ich war überglücklich mit zwei Nieren wieder nach Mallorca fliegen zu können und musste mich erst einmal von diesem Schock erholen.

Der Tierarzt holte mich aus meinen Gedanken zurück. Bitte den Hund festhalten. Er muss eine paar Spritzen setzen. Ergeben und im Vertrauen darauf, dass wir nicht Böses wollten, hielt unser Hund still. Er bekam drei Spritzen mit Antibiotika. Dann waren wir erlöst. Der Arzt schrieb uns noch Tabletten auf, die wir unserem Hund noch zehn Tage lang geben müssten. Dann waren wir entlassen.

Wir vereinbarten noch einen Termin für den anderen Morgen um 9.30 Uhr. Er wollte sich den Hund noch einmal ansehen und das Röntgenbild studieren. Wir sind dann, mit der Hoffnung für unseren Hund alles getan zu haben, zurück nach Astorga gefahren. Wir hatten jetzt Zeit, uns den Ort noch etwas näher zu betrachten. Der Marktplatz war altertümlich restauriert und voller Restaurants. Da der Stress des heutigen Tages von uns abgefallen war, setzten wir uns draußen hin und bestellten uns ein Hähnchen vom Grill. Nach Wochen unser erstes gegrilltes Hähnchen. Es war ein Traum, allerdings nicht für Vegetarier. Wir fuhren zum ausgewiesenen Stellplatz und ließen den Tag ausklingen.

19.05.2007:
Arztbesuch in La Bazena.
Etappe von Rabanal del Camino nach El Acebo

Gebete

Durch die vielen Antibiotika war unser Hund die Nacht ruhig gestellt. Wir konnten schlafen. Es war irgendwie ein Schlaf der Erschöpfung. Der Wecker schellte um 7 Uhr. Wir hatten ja für heute morgen 9 Uhr noch einen Termin beim Tierarzt in La Bazenar. Zwischen Weckerschellen und Aufstehen vergehen bei uns immer 20 Minuten. Jetzt mussten wir uns aber beeilen.

Schnell gefrühstückt und dann los. Wir waren pünktlich um 9 Uhr vor der Praxis. Wer war nicht da? Okay. Vielleicht gab es ja einen Notfall. Um 9.30 Uhr wurde endlich die Tür geöffnet. Sheila wurde noch einmal untersucht, das Röntgenbild wurde noch einmal in Augenschein genommen. Nichts zu erkennen. Also nochmals zwei Spritzen mit Antibiotika. Mehr war nicht mehr zu tun. Also wieder zurück nach Astorga. Toilette entsorgt und Frischwasser aufgefüllt. Dann beratschlagt, was machen wir?

Hanne sagte sofort, es ist noch früh, ich laufe heute auf jeden Fall noch ein Stück. Also auf nach Rabanal del Camino, wo wir diese Reise abgebrochen hatten. Wir sahen sie wieder, die Pilgerkarawane, die neben der Straße entlanglief. Hanne konnte es kaum fassen, wie viele Pilger unterwegs waren. In Rabanal del Camino sind wir erst einmal in ein Hostal eingekehrt, um einen Kaffee zu trinken. Es war 11.30 Uhr und die ersten Pilger waren schon auf Zimmersuche. Ich fragte zwei junge Frauen, mit denen wir ins Gespräch kamen, denn mittlerweile wollte ich es wissen: „Warum geht ihr den Weg?" Die eine, weil sie gerade Urlaub hatte und die andere einfach so. Ich war enttäuscht. Keiner geht den Weg aus religiösen Gründen. Oder keiner hat den Mut, sich dazu zu bekennen. Gott scheint auf dem Weg irgendwie abhanden gekommen zu sein, obwohl jeder nach einer Bestätigung sucht.

Um 12.30 Uhr ist Hanne dann gestartet. Das Wetter war heiter bis wolkig, und sie zog in der Erwartung los, am Cruz de Ferro vorbeizukommen.

Cruz de Ferro. Auf einem riesigen Steinhaufen steht ein fünf Meter hoher Baumstamm, der von einem Kreuz gekrönt wird. Seit langem – wie lange ist nicht bekannt – werfen Pilger hier einen mitgebrachten Stein ab, stellvertretend für die Last, die sie zu tragen haben und derer sie sich mit der Pilgerfahrt zum Apostel Jakobus entledigen können. Ich mache mich eine Stunde später auf den Weg. Muss eine schmale, geteerte Straße hoch zum Pass. Auf 1504 Metern sehe ich das Cruz de Ferro und einen riesigen Parkplatz. Ich wusste nicht, dass das Cruz direkt an der Straße liegt. Ich halte auf dem Parkplatz an und sehe auf der anderen Seite dicke, schwarze Wolken aufziehen. Sie versprechen Gewitter und Regen. Ich schicke meiner Frau eine SMS und warte. Vielleicht will sie ja mit dem Wohnmobil mitfahren. Ich gehe zum Cruz, das tatsächlich auf einem riesigen Hügel steht, dann den Hügel hoch zum Kreuz und finde am Fuße des Kreuzes Bilder, Zettel, Maskottchen und Briefe angebracht. Wie viele Gebete und Hoffnungen sind hier wohl abgelegt worden. Ich konnte meine Neugierde nicht unterdrücken und musste ein Gebet lesen:

Herr, möge dieser Stein, Symbol für mein Bemühen auf meiner Pilgerschaft, den ich zu Füßen des Kreuzes des Erlösers niederlege, dereinst, wenn über die Taten meines Lebens gerichtet wird, die

Waagschale zu Gunsten meiner guten Taten senken. „Möge es so sein".

Ich hatte keinen Stein dabei, auch hatte ich keine Bitte. Meine war schon vorher erfüllt worden. Zehn Jahre nach meiner Operation lebte ich noch. Mir wird so bewusst: Gott braucht uns nicht, wir aber ihn.

In tiefer Dankbarkeit ging ich zurück zum Wohnmobil, streichelte unseren Hund, der mich mit traurigen Augen ansah und ich wusste, was mir erspart geblieben war. Es fing langsam an zu regnen. Ich sah einen Bus nach dem anderen kommen. Wie die Leute ausstiegen, etwas hilflos herumliefen, dann fotografierten und sich irgendwie fragten: Was mach ich hier? Nur der Pilger, der hier seinen Stein abgelegt hat, weiß, warum er hier ist.

Die Wolkenberge wurden immer größer, es donnerte und blitzte, der Regen immer stärker. Ich machte mir so langsam Sorgen um meine Frau. Unbegründet, eine halbe Stunde später klopfte es an der Wohnmobil-Tür.

In ihrem Tagebuch habe ich später gelesen: Aufziehendes Gewitter – mein Gewitter. Mein Stück – blauer Himmel. Das Kreuz – Gefühle die überwältigen. Stein aus Indien abgelegt – Befreiung.

Endlich, sie war da. „Komm herein, ich koche dir einen Capuccino. Wärm dich auf, bevor du weiter gehst." Sie wollte weiter, trotz des

Regens. Eine halbe Stunde Pause gemacht, Regencape wieder übergezogen und dann weiter.

Eine halbe Stunde später mach ich mich auf den Weg nach El Acebo. Die Passstrasse wieder herunter. Mit dem großem Wohnmobil kein Vergnügen, aber die Busse fahren auch hierher. In El Acebo angekommen frage ich mich: Wie kommen die Busse hier durch? Die Strasse war nicht breiter geworden. Im Gegenteil, jetzt standen links und rechts Häuser mit überstehenden Balkons. die vielleicht 3,50 Meter hoch waren. Wie sollte ich hier einen Stellplatz finden? Ich sah einen Mann auf der linken Straßenseite. Hielt an und fragte ihn einfach, wo ich mit meinem Wohnmobil stehen könnte. Kein Problem, er gab mir zu verstehen, ich sollte ihm folgen. Er ging vor, lotste mich in eine enge Seitenstraße und zeigte auf einen kleinen Platz in der Nähe der Herberge. Hier zwischen den Häusern könnte ich ohne Weiteres stehen bleiben. Der Platz war gerade und lag windgeschützt zwischen den Häusern. Was wollte ich noch mehr?

Während ich das Wohnmobil ausrichtete, kamen zwei Frauen mittleren Alters auf mich zu. Sie grüßten und sagten: „Den Platz hatten wir uns eigentlich ausgesucht. Wir sind nämlich auch mit dem Wohnmobil unterwegs." Ich antwortete: „Es tut mir leid, aber der Bürgermeister persönlich hat mich eingewiesen und ich stehe jetzt mit behördlicher Genehmigung hier." Sie lachten und meinten: „Unser Wohnmobil ist so klein, wir finden auch noch woanders einen Platz." Das Eis war gebrochen, und wir unterhielten uns eine Weile. Sie liefen den Camino in Etappen. Am Ziel angelangt, machte sich eine der beiden per Anhalter auf den Weg, um das Wohnmobil zu holen. Ich war fassungslos, was Menschen auf sich nehmen, um den Camino zu gehen. Wir sollten uns übrigens noch öfters begegnen. Wie die Zeit vergeht, plötzlich klingelte mein Handy. Hanne. „Wie kann ich dich in diesen kleinen Gassen finden?" Ich sagte zu ihr: „In diesem Ort gibt es nur die Durchgangsstraße. Ich komme dir entgegen." Auf dem Weg zum Wohnmobil erzählte sie mir, sie hätte unterwegs eine Leni aus Holland getroffen. Sie ist von Maastricht aus gestartet und als Gepäckwagen hat sie einen Sportkinderwagen dabei. Wenn sie in Santiago ankommen wird, hat sie 2500 Kilometer hinter sich. Respekt, jeder auf diesem Weg hat meine volle Bewunderung.

Jetzt erst einmal duschen und dann den Tag in aller Ruhe ausklingen lassen.

Auch der Weg fordert seine Opfer

20.05.2007:
Montag. Von El Acebo nach Ponferrada,
ca. 5 Stunden.

Potenzfragen

Die Ruhe war vorüber, als wir uns zum Schlafen hinlegten. Es fing an zu donnern, es blitzte. Regelrechte Sturmböen zogen auf. Wir waren froh, zwischen den Häusern zu stehen. Es war eine Nacht, in der man nicht schlafen konnte und ich dachte an Anfang September 2002 zurück.

Auf Mallorca geht der Sommer immer mit einem starken Gewitter und sturzflutartigen Regenfällen zu Ende. Zweieinhalb Monate nach meinem Rückflug von Deutschland ging ich in Palma wieder zur Blutentnahme, um meinen PSA-Wert feststellen zu lassen. Der neue Wert schlug wie ein Blitz ein. Diesmal war er bei 4,2. Also wieder gestiegen.

Ich wusste mir keinen Rat mehr. Sollten die Ärzte doch Recht haben? Sollte ich mit einer Hormontherapie anfangen? Was habe ich nicht alles gelesen, was habe ich mir nicht alles im Fernsehen an Krebssendungen angeschaut. Ich wollte ja schließlich informiert sein. Alles, was ich mir anschaute, wies immer nur auf die drei Formen der Therapie hin: Operation, Chemo oder Bestrahlung. Eine Sendung, ich kann mich noch gut daran erinnern, wurde vom ARD über Prostatakrebs gebracht. Sie zeigte, wie mehrere Männer, die radikal operiert waren, zurück zur Sexualität geführt wurden. Eine Schwester erklärte den Männern eine Vakuumpumpe. Es war eine Plastikröhre über die man einen Gummiring stülpte und dann die

Röhre über den Penis steckte, um mittels der Pumpe in der Röhre ein Vakuum zu erzeugen. Das Blut kommt dadurch in den Penis, und er richtet sich auf. Dann wird der Gummiring von der Plastikröhre abgestreift und zwar so, dass das Blut nicht mehr zurück kann und der Penis aufrecht bleibt. Es war eine fröhliche Runde, in der die Schwester noch lachend erklärte, dass viele Männer sich von ihr helfen lassen wollten, sie es aber immer abgelehnt hätte.

Nach der Sendung hatte ich nur ein müdes Lächeln auf den Lippen. Da ich Viagra und die Spritze abgelehnt hatte, hatte ich mir dieses Gerät schon vor Jahren angeschafft. Ich habe nur gedacht, euch wird das Lachen noch vergehen. Von Romantik keine Spur mehr. Ich glaube, das Wichtigste für einen Mann ist seine Potenz, und das Thema wurde hier verniedlicht. Die Sendung war auch keine Hilfe. Aber man hatte mal darüber gesendet.

Jede medizinische Zeitschrift, in der etwas über Krebsforschung stand, habe ich nur so verschlungen. Es waren jetzt fünf Jahre nach meiner Operation vergangen und meine Hoffnung, in den fünf Jahren hätte man ein neues Krebsmittel erforscht, konnte ich begraben. Ich trank weiterhin meinen Papayasaft und wartete auf ein Wunder oder auf die Spontanheilung.

Wie gerädert wurde ich heute morgen durch die ersten Pilger gewekkt, die sich bereits um 7 Uhr auf den Weg machten. Ich frage mich, warum bin ich überhaupt hier. Ich komme zu dem Schluss, dass obwohl ich den Camino nicht laufe, ich doch mit ihm verbunden bin, denn ich bin dabei, meine Krankheit zu verarbeiten.

Ich wecke meine Frau und mache Frühstück. Sie kommt aus dem Bett und meint, du hast die Nacht ganz schön gewühlt. Ich murmele nur: Ich habe schlecht geträumt, und mache weiter. Es regnet immer noch, und meine Stimmung ist nicht so gut.

Hanne zieht ihre komplette Regenmontur an und macht sich auf den Weg. Ich schaue mir erst einmal an, wie ich aus diesen engen Straßen wieder herauskomme. Mache das Wohnmobil startklar und manövriere mich zwischen den Häusern durch bis zur Durchgangsstraße. Fahre in Richtung Ponferrada, sehe meine Frau im Regen auf dem Camino, der an der Straße entlang führt, fröhlich dahergehen. Ich denke, es ist halt ihr Weg. Winke ihr zu und fahre weiter. Nach einem Kilometer sehe ich die Holländerin mit ihrem Kinderwagen, von der Hanne gesprochen hatte. Ich hupe und grüße. Sie grüßt zurück, aber ich glaube, ihr ist nicht bewusst, warum ich gegrüßt habe.

Ich fuhr im Bummeltempo weiter und überlegte, was machst du jetzt die nächsten fünf Stunden? Die tolle Landschaft bewundern, das konnte ich bei diesem Regen auch vom Wohnmobil aus. Also weiter bis zur übernächsten Ortschaft und zwar nach Molinaseca. Ich kam aus den Bergen und konnte die Ortschaft von oben sehen. Ein kleiner mittelalterlicher Ort mit einer hübschen Kirche. Ich beschloss, hier hältst du an und gehst Kaffee trinken.

Im Ort selbst war ein riesiger Parkplatz, so dass ich auch bequem parken konnte. Ich half unserem Hund aus dem Wohnmobil und ging mit ihm Gassi. Okay, das wäre geschafft, und nun ein Cafe suchen.

Begegnung in der Kirche

Mir fiel wieder die kleine Kirche auf dem Hügel ins Auge. Ob es sich lohnt, sie zu besichtigen? Bisher waren immer alle Kirchen geschlossen. Na ja, etwas Bewegung tut mir und dem Hund auch gut. Gesagt, getan. Ich nahm die hundert Stufen zum Kirchenhügel mit Bravour. Ging zum Portal und stellte fest: Die Kirche war geöffnet. Ach ja, heute war ja Sonntag. Es war Gottesdienst. Nun war ich schon einmal hier, nun wollte ich mir auch die Kirche von innen ansehen. Ich band den Hund draußen fest und ging zögernd hinein. Stellte mich hinter eine Bank, tat so, als würde ich beten, während ich die Kirche betrachtete. Wen sehe ich da, zwei Bänke vor mir, meine Frau. Als wenn sie es gespürt hätte, sie dreht sich um und sieht mich an. Unsere Blicke treffen sich. Wir wissen beide, wir können uns zwar aus den Augen verlieren, aber wir werden uns immer wieder begegnen.

Schweigend verlassen wir die Kirche, gehen gemeinsam in die Altstadt und trinken zusammen unseren Kaffee. Es war jetzt nicht mehr weit bis Ponferrada. Hanne machte sich auf den Weg, ich ging zum Wohnmobil und überlegte eine Weile. War es diesmal wieder nur Zufall, dass wir uns getroffen haben? So langsam glaube ich nicht mehr an Zufälle. Als ich meine nächste Bestellung Papayasaft aufgab, klagte ich meinem Lieferanten mein Leid. Der schickte mir ein ganzes Paket mit Informationen über alternative Kliniken, Ernährungsempfehlungen usw. usw. Unter anderem war auch ein Hinweis auf ein Buch von einem Lothar Hirneise „Chemotherapie heilt Krebs und die Erde ist eine Scheibe" vom Verein Menschen gegen Krebs darunter. Das war nicht nur ein interessanter, sondern auch ein provokativer Titel.

Der gefiel mir, weshalb ich mir das Buch sofort bestellte. Es wurde in diesem Buch jede Therapie zu jeder Krebsart aufgeführt und wie sie von der Schulmedizin behandelt wird. Ich konnte zum ersten Mal nachlesen, was man mit mir gemacht hat und welche Erfolgschancen zu erwarten waren. Außerdem wurden alternative Behandlungen vorgestellt und was ich selbst bezüglich Ernährung tun kann.

Mir wurde auf einmal klar, ich musste das Pferd von der anderen Seite aufzäumen. Ich musste mir in erster Linie darüber klar werden, was mir schadet und dann danach suchen, was hilft. Ich trat dem Verein sofort bei und wurde Mitglied. Man kann ja nie wissen. Ich schaute auf die Uhr, jetzt wird es aber Zeit. Womöglich ist Hanne noch vor mir in Ponferrada. Gegen 15 Uhr kam ich in Ponferrada an. Hanne hatte noch nicht angerufen, Gott sei Dank. Ich folgte den Schildern „Centro Ciutad" (Innenstadt) und kam so in die Altstadt, die am Rande einen riesigen Parkplatz aufwies. Der war genau richtig. Also nichts wie dort parken. Es regnete schon wieder. Ich nahm den Schirm und unseren Hund und lief suchend über den Parkplatz, um mich zu orientieren.

Gegenüber dem Parkplatz war ein neues großes Gebäude. Ich ging darauf zu um zu lesen, was an der Wand stand. Es war die neue Pilgerherberge. Ich war wieder am Camino gelandet. Hanne musste zwangsläufig hier vorbeikommen. Ich brauchte mich also nur ins Wohnmobil zu setzen und zu warten. Nach einer halben Stunde klopfte es an der Tür. Ich habe dich schon von weitem gesehen, weshalb ich nicht telefoniert habe. Es tat einfach gut, ihre Stimme zu hören.

Es war mittlerweile 16 Uhr. Im Wohnmobil sitzen bleiben? Wir schnappten uns den Regenschirm und gingen durch die Altstadt. An der Kirche hing ein riesiges Plakat, das auf eine Ausstellung hinwies. Wir gingen hinein und waren überwältigt. Die ganze Kirche war in Gänge unterteilt und in jedem waren alte Figuren und Altäre zu sehen. Auch wenn wir nicht alles verstanden haben, waren wir doch sehr beeindruckt. Am Ausgang der Kirche war ein bestimmt 60 Meter langer Tunnel gebaut, an dessen Wand der Camino in voller

Länge mit allen Orten und Landschaften aufgezeichnet war. Wir gingen langsam durch den Tunnel und bei jeder angezeichneten Ortschaft blieben wir stehen und erinnerten uns daran, dass wir schon da gewesen waren. Dabei blieben unsere Augen nicht trocken.

Es ist schon seltsam, wenn einem bewusst wird, wie viel Weg man schon hinter sich gelassen hat. Unser Ziel war schon absehbar. Es lagen noch etwa neun Tage vor uns. Ich hatte so das Gefühl, meine Frau wollte gar nicht ankommen, als ich zu ihr sagte: Bald hast du es geschafft.

Wir gingen zurück zum Wohnmobil und sahen, wie ein Bus vor der Pilgerherberge hielt und die ganzen Fahrgäste ausstiegen, um die Herberge zu besichtigen. Was gab es da zu sehen? Etwa 80 bis 100 Betten, die von erschöpften Pilgern belegt waren. Pietät lässt grüßen.

Gedankenaustausch

**21.05.2007:
Von Ponferrada nach Villafranca del Bierzo**

Obsttag

Der Parkplatz war ein guter Übernachtungsplatz. Es hatte sich noch ein Franzose mit seinem Wohnmobil zu uns gesellt. Die ganze Nacht hatte es geregnet, und es regnete immer noch. Hanne musste wieder ihr Cape und die Regensachen anziehen. Es gibt kein schlechtes Wetter, sondern nur schlechte Kleidung. Mit der Einstellung ging sie los.

Ich stellte fest, dass unsere kleinen Gasflaschen schon wieder leer waren. Jede Nacht heizen kostet halt Energie. Auf der Hinfahrt hatte ich die Tankstelle Repsol gesehen. Die hat meistens auch Gasflaschen zu verkaufen. Aber hier, leider, keine Gasflaschen. Aber man erklärte mir, wo es eine Verkaufsstelle bzw. ein Depot für Gasflaschen gab. Ich musste wieder zurückfahren und suchen. Ich kam in ein altes, verfallenes Industriegebiet. Bin ich hier richtig? Ich fing langsam an zu zweifeln. Endlich ein Schild. Ich war richtig. Fuhr auf den Hof und fragte einen jungen Mann nach Gas. Ja, ich war richtig, nur es war eine andere Firma mit anderen Gasflaschen, die nicht passten. Ich sah wohl so traurig aus, dass er ins Lager ging und mit einer Gasflasche der Firma Repsol wieder herauskam. Sie war nur halb voll, aber damit war mir erst einmal geholfen. Und ich bekam sie auch noch geschenkt.

Ich bedankte mich, nicht ohne dem jungen Mann ein Trinkgeld gegeben zu haben, und fuhr wieder zur Tankstelle zurück, weil ich hinter der Tankstelle den Lidl-Markt gesehen hatte. Ich bin wohl nicht der einzige Deutsche, der hier einkauft. Vor dem Laden stand ein Bus der Firma Rotel-Tours, ein Bus mit rund 30 Personen, die wahrscheinlich auch auf dem Camino waren. Der Bus hatte einen großen Anhänger hinter sich, der mit Schlafkojen ausgerüstet war, damit die Businsassen direkt darin schlafen konnten. Es war also ein Campinganhänger für 30 Personen. Auch eine Art zu reisen.

Schnell hatte ich das Nötigste eingekauft und bin dann Richtung Villafranca gefahren. Meinte ich. Durch dieses Hin- und Herfahren hatte ich etwas die Orientierung verloren. Die Orte, die beschildert waren, gab es nicht auf meiner Karte. Ich hielt auf einem Platz am Straßenrand an. Auf einmal wurde mir klar, dass ich genau in die entgegengesetzte Richtung fuhr. Während ich die Karte studierte, hielt auf der anderen Straßenseite ein Pkw an. Eine ältere Frau stieg aus und kam auf mich zu. Ich öffnete die Fahrertür, denn ich dachte, da will mir jemand helfen. Aber weit gefehlt. Sie redete wie ein Wasserfall auf mich ein. Ich verstand nur Bahnhof oder doch, ein Wort kam mir bekannt vor: Cereza Ich kramte in meinem Gedächtnis. Cereza waren doch Kirschen. Aber wie können mir Kirschen weiterhelfen?

Auf jeden Fall gab sie mir zu verstehen, ich sollte mit zu ihrem Pkw kommen. Neugierig geworden stieg ich aus meinem Wohnmobil aus und ging mit. Sie öffnete den Kofferraum, und tatsächlich da waren drei Körbe voll von Kirschen. Jeder Korb hatte bestimmt mehr als zehn Kilo. Ehe ich mich versah, hatte ich schon einen Korb im Arm und sie sagte: 12 Euro. Ich versuchte ihr zu erklären, dass wir nur zwei Personen seien und die Kirschen nie im Leben essen könnten. Sie sagte darauf: 10 Euro. Okay, ich war zwar nicht überzeugt, aber einerseits essen wir für unser Leben gern Kirschen, und andererseits waren sie preiswert. Ich kramte meine Geldbörse hervor und gab ihr 10 Euro. Ich sagte ihr noch, ich müsste nach Villafranca, ob sie mir sagen könnte, in welche Richtung ich fahren müsste. Ich hatte mich gerade umgedreht, um eine Straßenkarte zu holen, da hörte ich einen aufheulenden Motor, und weg war sie. Jetzt hatte ich zwar zehn Kilo Kirschen, aber ich wusste immer noch nicht, wohin ich fahren musste. Endlich hatte ich einen Ort auf der Straßenkarte gefunden und wusste, in welche Richtung ich fahren musste. Auf einmal war es ein Kinderspiel. Ich stellte mir schon im Geiste vor, was meine Frau über die Kirschen sagen würde.

.Ich fuhr auf die Ringautobahn um Ponferrada herum. Zwei Abfahrten weiter und schon war die Richtung nach Villafranca beschildert. Jetzt hatte ich Zeit und fuhr in aller Ruhe weiter. Am späten Nachmittag kam ich in Villafranca del Bierzo an. Ein Ort, der wegen seiner zahlreichen Kirchen und Pilgerherbergen auch das „kleine Santiago" genannt wird.

Der Ort ist so verschachtelt und hat so enge Straßen, dass es für mich nicht möglich war, einen geeigneten Übernachtungsplatz zu finden. Ich stelle mich vor einer Kirche auf einen Pkw-Parkplatz und gehe mit unserem Hund spazieren. Ich muss nicht lange warten, da klingelt das Handy. Ich laufe so langsam ein und sehe schon die ersten Kirchen von Villafranca.

Kurze Zeit später treffen wir uns auf dem Marktplatz, besichtigen noch eine Kathedrale und beratschlagen, wo wir mit dem Wohnmobil hinfahren können. In der Ortsmitte ist ein neues modernes Schild angebracht, das auf einen Campingplatz, der ganzjährig geöffnet hat, hinweist. Er ist vier Kilometer entfernt.

Das war die Lösung. Wir fuhren also zum Campingplatz. Die Schilder waren nicht mehr so modern und neu, sondern es waren nur noch bemalte Bretter. Egal, wir brauchten 220 Volt Strom, um das Wohnmobil mit dem Staubsauger zu bearbeiten. Der Campingplatz war tatsächlich geöffnet. In Deutschland Kategorie 6, wobei zwischen Deutschland und Spanien noch ein Unterschied besteht. Egal, wir richteten das Wohnmobil aus. Hanne duschte im Wohnmobil, weil ihr die Duschen auf dem Campingplatz zu unsauber waren. Ich wollte am anderen Tag duschen und zwar mit Gummistiefeln.

Wir aßen eine Kleinigkeit, wobei ich meiner Frau erzählte, dass wir in Sachen Obst ausgesorgt hätten. Ich berichtete von meinem Kirscheinkauf. Sie musste lachen und sagte: „Was willst du damit machen, die bekommen wir ja überhaupt nicht gegessen." Wir Männer haben immer Lösungsvorschläge, und ich hatte schon einige parat. Erst einmal mache ich die nächsten zwei Tage Kirschpfannkuchen, dann essen wir jeden Morgen zum Müsli Kirschen und ich verteile einige am Pilgerweg. Sie musste schmunzeln, holte eine Flasche Rotwein aus dem Fach und bei einem Glas oder auch zwei ließen wir den Tag ausklingen.

Villafranca del Bierzo auch „klein Santiago" genannt

22.05.2007:
Von Villafranca del Bierzo nach O Cebreiro
8,3 Stunden, 29 km.
Charakter: Sehr anstrengend.

Versprecher

Hanne hat sich heute morgen ein Taxi bestellt und ist damit nach Villafranca gefahren. Sie will von dort aus weiterlaufen, wo sie aufgehört hat. Ich bleibe noch auf dem Campingplatz, um Hausputz zu halten. Man hat uns zwar gesagt, in den Duschen wäre heißes Wasser, aber ich denke, da die meisten Campingplätze in Spanien ihr heißes Wasser durch Sonnenkollektoren bekommen, kann man erst gegen Mittag unter die Dusche gehen.

Die dicken Gummiclogs angezogen. Bloß keine Berührung mit dem Boden in der Dusche. Wasserhahn aufgedreht. Ich habe es mir gedacht: Nur kaltes Wasser. Wenn man einmal darunter steht, gibt es kein Zurück mehr. Eingeseift, abgeduscht, und dann nichts wie weg. Ich war mehr als angesäuert, aber dafür erfrischt.

Gegen 12.30 Uhr mache ich mich dann auf den Weg nach O Cebreiro. Der Ort liegt auf einer Höhe von 1250 m. Er ist ein Santiago-Herbergsort, seit es den Camino gibt. Ich fahre zuerst auf der Bundesstraße N-VI und biege dann in Vega del Vacarce ab auf den Camino, der hier über eine kleine Nebenstrasse geführt wird. Ich bin auf einmal in einer anderen Welt. Ich komme durch kleine Bergdörfer. Neben der Straße fließt ein Bach. Es ist einfach Natur pur. Hanne schreibt in ihrem Tagebuch: „Steil auf – steil ab – oben aber ist es wunderschön."

In O Cebreiro angekommen, ging es wieder auf Parkplatzsuche. Ich halte auf der Landstraße, die am Ort vorbei führte, an und gehe erst einmal mit unserem Hund auf Ortsbesichtigung. Der Ort besteht aus vielleicht 15 Häusern, zwei Andenkenläden und einer Kirche. Ein ganz kleiner romantischer Ort, wenn die vielen Buspilger nicht da wären. In fünf Minuten bin ich auf der anderen Seite des Weilers. Mein suchender Blick findet einen freien Platz auf einem Hügel. Hier sind auch Steinbänke und Tische aufgebaut. Ich prüfe den Boden und bin der Meinung, auf diesen Hügel kannst du fahren und mit dem Wohnmobil hier übernachten. Die Auffahrt ist etwas steil und ich schabe mit der hinteren Ausziehbühne über den Boden, aber dafür habe ich einen Standplatz auf dem Dach der Welt. Der Rundblick ist einfach grandios. Außerdem läuft hier auch der Camino entlang. Ich habe also alles im Blick.

Nach meiner Zeitrechnung habe ich jetzt zwei Stunden Zeit, bis meine Frau kommt. Ich erinnere mich an meine Lösungsvorschläge, die ich von mir gegeben hatte, als die Frage aufkam, was mit den Kirschen geschehen soll. Also Kirschkorb herausgeholt, den Kirschsteinentferner aus der Küche geholt und eine Schüssel. Dann jede Kirsche in die Hand genommen und fleißig Kerne entfernt.

Wie ich so Stein für Stein aus den Kirschen drücke, denke ich an den November 2002. Ich war wieder in Deutschland zur Nachsorge. PSA-Wert 4,2, in den letzten beiden Monaten nicht gestiegen. War er zum Stillstand gekommen? Der Professor drängte darauf, etwas gegen diesen Anstieg zu unternehmen. Der hohe Wert von 4,2 deutet darauf hin, dass sich Mikrometastasen gebildet haben. Mein Mut, den erhöhten PSA-Wert zu ignorieren, sank wieder. Ich fragte, wie kann man Mikrometastasen feststellen? Er meinte, man entnimmt Gewebeproben aus dem unteren Bauchbereich. Um sicher zu gehen, gleich mehrere. Etwas schlauer geworden durch das Buch „Chemo heilt Krebs und die Erde ist eine Scheibe" fragte ich meinen

Professor in weiß: „Wie wollen Sie eine Mikrometastase finden?" Ja, das wäre Zufall. Aber man sollte nichts unversucht lassen. Außerdem könnte man ja noch ein Knochen-Szintigramm durchführen, weil sich beim Prostatakrebs die Metastasen gerne im Knochenmark verteilen.

Ich war immer davon überzeugt, mich von einem älteren Arzt behandeln lassen zu müssen, weil ich dort mehr Erfahrung vorausgesetzt habe, aber jetzt merkte ich auf einmal: Jede Therapie läuft nach dem gleichen Muster ab. Das Dogma der Schulmedizin ließ grüßen. Selbst fünf Jahre nach meiner Operation wurde immer noch nach dem gleichen Muster vorgegangen. An Therapie schlug er mir noch den Hormonentzug mittels vierteljährlicher Spritze vor, ein Leben lang. Das konnte wohl nicht mehr lange dauern. Zum Schluss empfahl er mir die Operation der Hoden. Er nannte es Hodenschälen, im Klartext: Hoden entfernen.

In diesem Moment klingelt mein Handy. Meine Frau. „Schatz, in einer halben Stunde bin ich da, was machst du gerade?" Noch immer in Gedanken sagte ich zur ihr: „Ich bin gerade beim Kirschen schälen." Sie lachte und sagte: „Das musst du mir mal zeigen, wie man das macht." Ich sagte ihr, wo ich mit dem Wohnmobil stehe und legte das Handy nachdenklich zur Seite, um weiter Kirschen zu entsteinen.

Hoden entfernen oder eine Hormontherapie? Etwas Mann wollte ich ja noch bleiben. Es reicht mir, dass ich durch mein Übergewicht schon leichten Brustansatz habe. Den brauchte ich durch Hormone nicht noch zu verstärken. Ich konnte mich nicht entscheiden und flog mit meiner Frau wieder nach Mallorca. Zu Hause angekommen hatte meine Frau Schwerstarbeit damit, meine Psyche wieder aufzubauen. Alles drehte sich nur noch um meinen PSA-Wert. Da war es wieder, das Leben in Wartestellung.

Meine Frau kam den Hügel hoch und winkte mit Ihren Stöcken. Es waren tatsächlich 8,5 Stunden geworden, und die Etappe war mehr als anstrengend. Sie kam zum Wohnmobil und sagte noch lachend: Du hast aber schon viele Kirschen geschält. Ich schaute sie ernst an und erklärte ihr den Versprecher. Sie schaute mich genau so ernst an und antwortete nur: „Es ist vorbei."

Ich setzte ein strahlendes Gesicht auf und sagte: Heute gibt es Kirschpfannkuchen, ruh dich erst einmal aus. Während sie sich duschte, bereitete ich alles für unser Abendessen vor. Ein Pfund Kirschen haben wir diesen Abend schon mal mit den Pfannekuchen gegessen und ein Kilo geschälter Kirschen hatten wir noch für unser Müsli am anderen Morgen. Wir genossen den Blick über die Bergwelt in der untergehenden Abendsonne und gingen um 10.30 Uhr friedlich schlafen.

Steil auf – steil ab

23.05.2007:
Von O Cebreiro nach Triacastela,
7 Std., 21 km. Mittelschwer.

Pilgergeschichten

Gegen ein Uhr nachts wurden wir vom Grollen eines näher kommenden Gewitters geweckt. Meine Gedanken fingen an zu kreisen. Wir stehen hier mit unserem Wohnmobil ganz frei auf einem erhöhten Punkt. Was ist, wenn der Blitz einschlägt? Das Gewitter kam immer näher. Wir hatten eine kostenlose Lightshow. Es blitzte und donnerte im Minutentakt. Meine einzige Hoffnung war, dass die Wissenschaftler Recht hatten, nämlich dass ein Auto wie ein faradayscher Käfig wirkt. Das sind Momente, in denen man die Hände faltet und ein Gebet murmelt.

Genau wie im April 2003. Wir waren mit unserem Wohnmobil nach Deutschland unterwegs und wollten weiter nach Südtirol. Zwischenstation Krankenhaus Essen, Blut abnehmen, um den PSA-Wert zu kontrollieren. Das Ergebnis liegt erst Montag vor. Wir setzen unsere Fahrt in Richtung Süden fort. Wir fahren bis Stuttgart, dort leben Bruder und Schwester meiner Frau , und wir bleiben dort bis Montag. Ich rufe im Krankenhaus an, lasse mich mit der Sekretärin verbinden und frage nach meinem Ergebnis. Ja, sie hat es vorliegen, aber ich sollte doch besser mit dem Professor sprechen. Immer diese Geheimniskrämerei. Ich sagte ärgerlich: Nun geben Sie mir endlich das Ergebnis, schließlich habe ich die Untersuchung ja bezahlt.

PSA 7,19. Für mich stürzte eine Welt ein. Jetzt wusste ich, warum ich erst mit dem Professor sprechen sollte. Eine tiefe Leere überfiel mich. Ich merkte, wie ich nur noch Hülle war. Ich konnte nicht mehr denken. War es das, wie viel Jahre noch? Eins oder zwei? Mit Glück vielleicht noch drei Jahre. Mit oder ohne Lebensqualität? Ich faltete die Hände, versuchte die Tränen in meinen Augen vor meiner Frau zu verbergen und betete still vor mich hin. Ich bat um Hilfe, ohne daran zu denken, mich für das Leben zu bedanken, das ich bereits geschenkt bekommen hatte. Wir Menschen sind so erzogen worden, erst danke zu sagen, wenn man etwas bekommen hat. Ich hatte bis jetzt ein gutes Leben. Ich hatte eine jüngere Frau, die mich liebt. Ich lebte auf Mallorca, ich brauchte nicht mehr zu arbeiten, ich hatte ein Wohnmobil und ich hatte keine Geldsorgen. Aber vielleicht sollte mich meine Krankheit daran erinnern, einmal danke zu sagen.

Endlich war die Nacht vorbei. Zum Morgen hin wurde es ruhiger, und wir konnten noch rund zwei Stunden schlafen. Verdammt, schon acht Uhr. Aufstehen. Wir zogen die Verdunklung in unserem Wohnmobil auf und sahen uns in totalen Nebel eingehüllt. Bei dem Nebel hatte es keinen Zweck, loszugehen. Also erst einmal in aller Ruhe frühstücken. Gegen 10 Uhr lichtete sich der Nebel und Hanne machte sich auf den Weg. Ich räumte auf, holte dann mein Laptop hervor, und begann zu schreiben. So gegen 12.30 Uhr machte ich mich dann auf den Weg nach Triacastela. Die Straße war gut ausgebaut, so dass ich zügiger vorankam, als ich im Grunde genommen wollte. Auf der Passhöhe Alto de San Roque ist ein überlebensgroßer Pilger aus Metall aufgestellt, der sich gegen den Wind stemmt und voran geht. Ich steige aus, mache ein Foto und sehe die lebendigen Pilger vorbeigehen. Wie sich die Bilder gleichen. Heute, bei dem Regen und Wind, mussten sie sich genau so dagegen anstemmen.

Ich fahre weiter nach Triacastela. Am Ortseingang bleibe ich stehen und suche eine Bäckerei. Klar, Mittagszeit, sie hat geschlossen. Ich steige wieder ein und fahre in die Ortschaft. Es ist ein kleiner Ort ohne Reiz. Man sieht es dem Ort an, er lebt nur von den Pilgern. Ich fahre langsam die Straße entlang, als aus einer Bar eine junge Frau herausgelaufen kommt und mir zu verstehen gibt, ich solle anhalten. Nicht schon wieder Kirschen. Nein, sie macht mich darauf aufmerksam, das meine Einstiegstreppe vom Wohnmobil noch draußen sei. Puh, was für ein Glück. Ich danke ihr für ihre Aufmerksamkeit. Es gesellt sich noch eine Frau zu uns, ich immer noch im Wohnmobil sitzend, und strahlt mich an. Jetzt erkenne ich sie. Es ist die Münsteranerin, die wir mit ihrem Mann in Hospital de Obrigo getroffen haben. Was für ein Zufall – aber Zufälle gibt es nicht.

Der lebendige Pilger sieht auch nicht anders aus

Sie sitzt mit ihrem Mann und noch drei anderen Pilgerinnen in der Bar und trinkt Kaffee. Ich suche für das Wohnmobil schnell einen Parkplatz und gehe zurück in die Bar, setze mich zu der Runde Pilger und bestelle mir auch einen Kaffee. Obwohl ich keinen Rucksack trage, fühlte ich, dass man mich als Wohnmobil-Pilger akzeptiert hat. Sie sitzen hier, weil sie ihr Quartier in der Herberge noch nicht beziehen können.

Nach einer Weile stelle ich wieder meine Fragen: Warum geht ihr diesen Weg, warum tut ihr euch das an? Von den Münsteranern weiß ich ja, dass sie die Enge testen wollen. Die eine Pilgerin, eine Holländerin, will einfach mal weg. Da bleiben dann noch die beiden älteren Frauen. Beide heißen Ursula, die eine ist blond und die andere grau. Die graue Ursula hat sich vor fünf Jahren vorgenommen, wenn ich 60 Jahre bin, dann gehe ich den Weg. Die blonde Ursula hat damals spontan gesagt, wenn du gehst, dann gehe ich mit. Nun sind sie beide auf dem Camino, und man sieht der blonden Ursula förmlich ihre Freude darüber an. Sie sei von den vielen Geschichten, die man auf dem Camino höre, sehr beeindruckt und wenn sie nach Hause komme, werde sie ein Buch darüber schreiben, sagt sie. Ich bin an der Reihe und erzähle ihr meine Geschichte. Dass ich vor zehn Jahren an Krebs operiert wurde und meine Frau mich auf dem Weg zur Gesundung, der nicht leicht war, begleitet hat. Dass ich Rückenprobleme habe und darum den Camino nicht gemeinsam mit ihr gehe. Da wir aber bisher immer alles gemeinsam gemacht haben, sei es keine Frage, dass ich sie wenigstens mit dem Wohnmobil auf dem Camino begleite. Für meine Rückenprobleme hat sie ja nun überhaupt kein Verständnis. Laut und mich etwas belächelnd erzählt sie, dass sie vor 15 Jahren einen Bandscheibenvorfall gehabt und seitdem durch Sport und Gymnastik keine Probleme mehr habe.

Es ist mittlerweile 16.30 Uhr geworden und die Runde löst sich auf. Auf einmal fällt mir ein: Mensch, ich habe ja noch einen ganzen

Korb voller Kirschen. Mädels, wollt ihr keine Kirschen haben? Ich brauche nicht lange zu fragen. Alle drei Frauen kommen mit zum Wohnmobil und ich bin bestimmt vier Kilo Kirschen losgeworden. Eine Stunde später ruft meine Frau an. „Bin am Ortseingang, wo treffe ich dich?" Und ich antwortete: „Immer am Weg."

Gut gelaunt kam meine Frau mir entgegen. Wie macht sie das nur? Bei den Strapazen noch gute Laune zu haben? In ihrem Tagebuch steht an diesem Tag: Morgennebel, grünes Galicien, es ist einfach nur schön, auch wenn es regnet.

Ich erzähle ihr von meinem Treff mit den anderen Pilgern, und wir gehen zusammen in die Bar, um noch einen Kaffee zu trinken. Kleine belegte Schnittchen gibt es für die Pilger kostenlos dazu.

Passhöhe „Alto de San Roque" Pilgerstatue

24.05.2007:
Von Triacastela nach Sarria. 5 Stunden,
17 km über Samos, Kloster San Julián de Samos.

Wendepunkt

Die Wahl, über Samos zu laufen, bedeutete bestimmt einen Umweg von einer Stunde, weshalb meine Frau heute Morgen schon um 9 Uhr aufgebrochen war. Die ersten Pilger kamen schon um 7.30 Uhr an unserem Wohnmobil vorbei, so dass wir keinen Wecker brauchten. Ich konnte mir Zeit lassen, denn ich wusste, bis nach Samos braucht meine Frau bestimmt drei Stunden.

Ich machte mich gegen 11 Uhr auf den Weg, nicht bevor ich noch am öffentlichen Brunnen den Wassertank meines Wohnmobils aufgefüllt hatte. Ungefähr eine halbe Stunde später war ich in Samos. Fand einen ausgewiesenen asphaltierten Platz direkt an einem Bach. Hier konnte ich ganz gemütlich auf meine Frau warten. Es dauerte auch nicht lange, bis sie anrief und ich ihr erklärte, wo ich stehe. Handys sind halt doch eine praktische Sache.

Jetzt, wo wir hier waren, wollten wir uns auch das riesige Kloster anschauen. Es war bereits 12.45 Uhr, als wir zum Eingang gingen. Ein freundlicher Mönch sagte zu uns: Um 13.00 Uhr wird der Zugang geschlossen, aber wenn ihr euch noch beeilt, dann könnt ihr noch für den Rest der Zeit an der zurzeit laufenden Führung teilnehmen. Wir beeilten uns und hatten die Gruppe in Kürze erreicht. Sie bestand aus deutschen und australischen Teilnehmern. Alles Pilger. Eine junge spanische Frau erklärte uns auf Spanisch die Bilder und Fresken, die an den bestimmt über 100 Meter langen Wänden aufgemalt waren. Ein Deutscher, der ziemlich gut Spanisch konnte, übersetze es ins Deutsche, und ein Deutscher mit Englischkenntnissen übersetzte es dann für die Australier ins Englische. Würde die Kooperation auf der Welt genau so klappen, wie unter den Pilgern, dann sähe sie, glaube ich, etwas friedlicher aus.

Nach etwa einer halben Stunde war die Besichtigung beendet. Tief beeindruckt verließen wir das Kloster. Es war einfach gewaltig. Ich schaute auf die Uhr. Du musst so langsam los, sagte ich zu meiner Frau. Für einen Kaffee habe ich noch Zeit, war die Antwort. Na gut, gehen wir noch einen Kaffee trinken. Anschließend machte sich meine Frau wieder auf den Weg. Ich ging zurück zum Wohnmobil, holte den Korb Kirschen heraus, setzte mich auf eine am Bach stehende Bank und fing wieder an Kirschen zu „schälen".

Beim Kirschsteinentfernen kamen die Erinnerungen vom Vortage wieder hoch und ich musste daran denken, wie ich verzweifelt überlegt hatte, was ich noch tun konnte.

Mir fiel der Verein „Menschen gegen Krebs" ein. Der hatte doch eine Hotline, aber nur von Montag bis Donnerstag und von 10 bis 12 Uhr. Ich kam mir irgendwie lächerlich vor. Schob die Entscheidung vor mir her, was sollte das noch bringen? Die Diagnose stand doch fest. Wir hatten Ende April. Donnerstag war der erste Mai und Feiertag. Und freitags war die Hotline nicht besetzt. Endlich, am Mittwoch, fasste ich mir ein Herz und rief um 11 Uhr bei der Hotline an. Besetzt. Wahlwiederholung. Besetzt. Wahlwiederholung, besetzt. Es verging eine halbe Stunde. Je öfters ich es versuchte, um so mehr klammerte ich mich mit meiner letzten Hoffnung an dieses Gespräch. Die Zeit verstrich, und der Uhrzeiger bewegte sich immer mehr auf 12 Uhr zu. Ich rief eine andere Telefonnummer an, die der Geschäftsstelle. Eine weibliche Stimme war am Apparat. „Was wünschen Sie?" Ich erklärte mein Anliegen, dass ich schon länger als eine halbe Stunde über die Hotline versuche, jemand zu erreichen. Die Antwort: Dann müssen Sie es halt weiter versuchen. Ich sagte, wir haben schon 11.45 Uhr und um 12 Uhr ist die Hotline nicht mehr besetzt. Kann man mich nicht anrufen?

Die Antwort war ein Redeschwall, der sich über mich ergoss: Was meinen Sie, wir sind ein gemeinnütziger Verein, wir leben von den Beiträgen und müssen mit den Geldern haushalten, was das kosten würde, wenn man jeden zurückrufen würde. Ich sollte es doch weiterhin über die Hotline versuchen. Das leuchtete mir ja auch ein, aber ich hatte doch Krebs. Ich war doch in Not.

So hatte ich mir meine Mitgliedschaft nicht vorgestellt. Scheiß-Verein. Es war kurz vor zwölf, als endlich das Freizeichen ertönte. Ich hatte es geschafft. Hirneise, eine männliche, freundliche schwäbische Stimme mit hochdeutschem Akzent meldete sich. Mein Ärger war auf einen Schlag verflogen. Ich erzählte ihm meine Krankengeschichte, die er sich ruhig anhörte. Er erklärte mir dann, er kenne in München einen Arzt Dr. Kaphahn, der im Sinne des Vereins therapierte. Und wenn ich mir Sorgen machte wegen meines erhöhten PSA-Wertes, so sollte ich doch mehrmals in der Woche ein Natronbad nehmen. Was ich aber auf jeden Fall machen sollte: Meine Ernährung umstellen, mir das Kochbuch von Frau Dr. Budwig kaufen und mich streng, wenigstens ein halbes Jahr, daran halten. Endlich eine Aussage, dass ich selbst etwas tun kann. Bisher waren die Auskünfte der Ärzte immer: Sie können nichts tun, leben Sie ruhig weiter wie bisher. Aber das Leben wie bisher hatte mir doch den Krebs gebracht.

Ein wenig beruhigter griff ich nach dem Gespräch wieder zum Telefon und rief Dr. Kaphahn in München an. Ich vereinbarte mit ihm einen Termin für Freitag 17 Uhr. Wieder zwei Tage quälendes Warten. Wir wollten eigentlich nach Südtirol zum Skilaufen. Ich wollte endlich aus dieser verdammten Warteschleife heraus. Am Freitag waren wir schon um 16 Uhr in der Praxis. Der Arzt, ein Mann von Ende 40, empfing uns in seinen einfachen Praxisräumen und erzählte uns, dass er selbst an Pankreaskrebs leidet und ihn schon seit einigen Jahren ganz gut im Griff hätte. Wir hatten sofort Vertrauen zu ihm, auch wenn er dann eine Untersuchungsmethode anwandte, von der wir noch nichts gehört hatten. Er untersuchte meinen Körper auf Giftstoffe und zwar mittels eines Pendels. Gab mir dann ein Rezept, damit ich mir in der Apotheke alles kaufen konnte, was ich zur Entgiftung bräuchte. Empfahl mir eine Hyperthermie bei einem Dr. Löfflmann.

Er selbst sei dort auch in Behandlung. Er griff zum Telefon und vereinbarte direkt einen Termin für Samstag. Bei der Hyperthermie wird die Körpertemperatur künstlich auf über 38 Grad gebracht, damit das körpereigene Abwehrsystem angeregt wird. Ich bekam gleichzeitig ein von ihm entwickeltes selektives Krebsmittel gespritzt. Schweißüberströmt und geschwächt sind wir dann anschließend zu Dr. Kaphahn gefahren.

Der verschrieb mir noch einige homöopathische Mittel zur Entgiftung. Außerdem gab er mir Folgendes mit auf den Weg: Bitte PSA monatlich bestimmen. Er wird vier bis fünf Monate ansteigen, da die Krebszellen repariert werden und mehr PSA erzeugen, aber nicht mehr krebsig sind. Außerdem gab er mir noch ein Merkblatt mit, das die verschärfte Budwig-Kost enthielt. Das war eine gute Nachricht. Ich hatte endlich das Gefühl, selbst etwas für mich tun zu können. Der Berg meiner entsteinten Kirschen hat sich immer weiter aufgebaut. Ich muss eine neue Schüssel holen. Ich will gerade aufstehen, da grüßt mich ein Mann in meinem Alter. Er lächelt über meine vielen Kirschen, und ich erzähle ihm die Geschichte, wie ich an die Kirschen kam. Er ist gekleidet wie ein Pilger, hat aber keinen Rucksack dabei. Hier steht also wieder eine Lösung vor mir, um die

Kirschen los zu werden. Ich bitte ihn, sich zu mir zu setzen und biete ihm an, sich aus dem Korb so viele Kirschen zu nehmen, wie er möchte.

Eine Weile plätschert das Gespräch so dahin, bis ich ihn auch frage: „Warum gehen Sie den Weg, gehen Sie ihn des Glaubens wegen?" Er lacht. „Ich glaube nur an das, was ich in der Tasche habe", sagte er. Er ist Weinhändler und besitzt in Venlo sechs Geschäfte. Voriges Jahr hat er zu seiner Frau gesagt, wenn ich die Hälfte der Geschäfte verkaufen kann, dann gehe ich den Camino. Und er hat sie verkaufen können. Er ist mit einem Pick-up unterwegs und hat ein Zelt dabei. Vor vierzig Jahren hat er hier schon einmal gelebt und gearbeitet und er möchte eigentlich nur seine Erinnerungen auffrischen. Der Weg ist dabei nicht so wichtig.

Fast eine Stunde haben wir zusammen geplaudert, und ich habe bestimmt 2,5 Kilo Kirschen entsteint, als er sich verabschiedet. Ich denke, mir war mein Weg schon wichtig. Wir sind dann nicht mehr nach Südtirol gefahren, sondern haben noch ein paar Tage Urlaub im Allgäu gemacht. Ich wollte jetzt unbedingt nach Hause, um Natronbäder zu nehmen und mit der Ernährung von Frau Dr. Budwig zu beginnen.

Zu Hause angekommen konnte ich es nicht erwarten, den PSA-Wert ermitteln zu lassen. Am 4. Juni 2003 ging ich zum Arzt, um ein großes Blutbild machen zu lassen. Er wollte mich noch untersuchen, was ich aber dankend ablehnte. Eine Raumforderung reichte mir. Das Ergebnis: 5,9 PSA. Das war für mich ein Zeichen. Nach vier Jahren war mein PSA zum ersten Mal wieder gesunken.

Auch die anderen Blutwerte lagen alle im grünen Bereich. Ich war auf dem richtigen Weg. Am 25. August 2003 ging ich noch mal zum PSA-Test. Diesmal waren es 6.3. Ich war nicht beunruhigt, für mich war das die Bestätigung, das sich mein PSA-Wert eingependelt hatte. Zuversichtlich schaute ich in die Zukunft. Apropos schauen. Ich schaute auf die Uhr. Jetzt habe ich fast 2,5 Stunden hier gesessen und die Zeit vertrödelt. Schnell alles zusammenpacken und los.

Kurz vor Sarria sah ich meine Frau auf der linken Straßenseite. Es regnete schon wieder und sie hatte ihr Regencape an. Ich winkte, hielt an und überredete sie, doch ins Wohnmobil einzusteigen. Auf die 500 Meter kommt es doch auch nicht mehr an. Sie schaute mich an und meinte, na gut, aber ehrlich ist es nicht.

Zusammen sind wir dann in die Stadt gefahren. Haben einen guten Parkplatz direkt neben einem Bach gefunden, den wir dann auch als Übernachtungsplatz genommen haben. Jetzt nichts wie los, die Herberge suchen, damit Hanne ihren Stempel bekommt. Wo sollte sie anders sein, natürlich, neben der Kirche. Also zig Stufen zum Kirchenhügel hoch. Sie war geöffnet, und meine Frau bekam einen wunderschönen Stempel in ihr Pilgerbuch. Auf dem Rückweg fing es wieder an zu regnen. Obwohl wir den Regenschirm mitgenommen hatten, waren wir völlig durchnässt, als wir wieder am Wohnmobil waren.

Kloster „San Julián de Samos"

25.05.2007:
Von Sarria nach Portomarin.
6 Std., 21 km.

Erkennen

Das Wetter war heute mehr wolkig als heiter. Hanne macht sich um 9.30 Uhr auf den Weg. Sie hatte gestern ihre Hülle für das Regencape in einem Geschäft liegen gelassen und wollte nachfragen, ob sie noch da ist. Sie war noch da. Ich trödelte noch etwas herum und dachte mir, bei diesem Wetter brauchst du nirgendwo anzuhalten. Fahr direkt durch bis nach Portomarin. Der Ort liegt an einem Stausee. Da findest du bestimmt einen guten Stellplatz. Als der Staudamm Belesar aufgestaut wurde, versank der alte Brückenort Portomarín in den Fluten. Mit ihm andere Orte, Bauernhäuser und ganze Wälder. Aber Portomarín blieb dennoch erhalten, wenn auch an anderer, höhere Stelle, denn zuvor hatte man in aufwendiger und akribischer Kleinarbeit die wichtigsten Bauten des Ortes abgetragen und wieder aufgebaut.

Es war wirklich ein reizender Ort auf einem Hügel unmittelbar in der Nähe des Stausees. Inmitten des Ortes eine gewaltige Kirche. Mutig fuhr ich mit meinem Wohnmobil in die Ortschaft. Die Strassen wurden immer enger, bis es nicht mehr ging. Also rückwärts fahren, bis ich wenden konnte. Das Wohnmobil abgestellt und zu Fuß weiter.

Ich kam zu der Kirche, überquerte den freien Platz davor und ging eine Straße hoch. Von weitem sah ich einen Mann, der mir pfeifend und fröhlich entgegen kam. Er hatte einen langen, weißen Stock in der Hand, mit dem er den Weg vor sich abklopfte. Mir war sofort klar. Er ist blind. Wir gingen aneinander vorbei und ich bestaunte sein fröhliches und zufriedenes Gesicht. Meine Gedanken kreisten wieder. Wie konnte ich nur die letzten sechs Jahre so blind durch die Welt laufen. Wie konnte ich nur alles glauben, was die Schulmedizin mir erzählte. Mein Fehler war, ich hatte Vertrauen.

Der Verein „Menschen gegen Krebs" (Mgk) hatte im Herbst 2003 Teilnehmer gesucht, die er zu ganzheitlichen Krebsberatern ausbilden wollte. Dieses Seminar sollte über zwei Jahre gehen und immer an bestimmten Wochenenden stattfinden. Dies war meine Chance, nicht mehr blind, sondern mit offenen Augen meinen Weg zu gehen. Ich meldete mich an, denn alle Vorteile lagen bei mir, denn wo konnte ich mehr Informationen über alternative Krebstherapien erhalten als hier? Es hatten sich über 70 Teilnehmer gemeldet. Da die Gruppe nicht größer sein sollte als 25 Teilnehmer, musste der Verein eine Auswahl treffen. Alle Bewerber wurden in die Wickert-Klinik in der Nähe von Frankfurt eingeladen, wo die Auswahl dann stattfand.

Anschließend flog ich wieder nach Hause und bekam 14 Tage später eine Mitteilung. Ich bin dabei. Endlich einmal keine Weißkittel, die angebetet werden wollen. Zwei Jahre sind eine lange Zeit. Eine Zeit, in der man sich näher kommt. Eine Zeit, in der man feststellt, es gibt doch noch die

Nur noch 100 km bis nach Santiago

Menschen mit Herz. Es gibt doch noch die Idealisten, die anderen helfen wollen. Mein Ziel war in erster Linie, mir selbst zu helfen. Aber als ich nach zwei Jahren meine Urkunde in der Hand hielt, hatte sich mein Ziel geändert: Ich wollte jetzt mit meinem Wissen auch anderen helfen. Ich war am Ende der Straße angekommen und sah vor mir ein Café, das Tische und Stühle vor der Tür stehen hatte. Da ich meinen Hund mitgenommen hatte, war dies die Gelegenheit, hier einen Kaffee zu trinken. Ich hatte mich genug umgesehen. Die einzige Möglichkeit, mit dem Wohnmobil zu parken, war am Ortseingang auf dem Parkstreifen. Ich fuhr dort hin und stand also wieder in der Nähe des Caminos. Ich holte meinen Laptop hervor und fing wieder an zu schreiben.

Auf einmal klopfte jemand am Wohnmobil. Es war das Ehepaar aus Münster mit der grauen Ursula, mit denen ich vor zwei Tagen noch zusammen Kaffee getrunken hatte. Welch eine Überraschung. Wir schienen den gleichen Rhythmus zu haben. Wo ist deine Freundin, die blonde Ursula, fragte ich. Sie ist in der Herberge und liegt im Bett. Sie kann vor Kreuzschmerzen kaum laufen. Sie nimmt schon seit zehn Tagen Schmerzmittel, damit sie überhaupt laufen kann. Was hat sie mir vor zwei Tagen noch erzählt. Sie hat keine Rückenprobleme. Warum hat sie mir etwas vorgemacht? Vor allen Dingen, warum hat sie sich selbst etwas vorge-

Kirche von Portmarin

macht? War es wirklich nur der Körper, der nicht mehr wollte oder steckte mehr dahinter? Ich werde es wohl nie erfahren. Der Camino fordert halt seine Opfer. Wir sagten Hallo und die drei gingen in die Stadt. Ich schrieb weiter. Nach zwei Stunden klopfte meine Frau ans Wohnmobil. Sie sah zwar etwas müde aus, war aber sonst guter Laune. Es war 16 Uhr, und meine Frau musste noch zur Herberge, um ihren Stempel abzuholen. Also beschlossen wir, zusammen in die Stadt zu gehen. Nachdem wir den Stempel hatten, trafen wir die drei Pilger.

Große Begrüßung. Erfahrungsaustausch, wie der Weg war. Es fing an zu regnen. Wir beschlossen, dass wir in eine Bar gehen, um etwas zu trinken. Meine Frau war so gut drauf, dass sie uns alle zu einem Ribeiro, einem spanischen Weißwein, einlud. So gegen 18 Uhr löste sich die Runde auf. Die einen gingen zur Herberge und wir zu unserem Wohnmobil. Essen machen, duschen und etwas Fernsehen, dann ins Bett. Hanne sagte mir noch, jetzt sind auf dem Camino überall Schilder angebracht, wie weit es noch bis nach Santiago ist. Es waren nur noch vier Etappen. Die Zeit bis zur Ankunft wurde immer kürzer.

Erfahrungsaustausch in einer Bar in Portmarin

26.05.2007:
Von Portomarín nach Palas de Rei.
24 km, 7.30 Uhr.

Lebenszelle

So langsam schlich sich die Gewohnheit ein. Lange geschlafen, bis 8.30 Uhr. Hanne konnte mittlerweile einschätzen, wie lange sie für die Etappen brauchte und machte sich so gegen 10 Uhr auf den Weg. Sie war meistens immer eine bis eineinhalb Stunden schneller.

Es hatte inzwischen wieder angefangen zu regnen, und ich wusste nicht so recht, was ich machen sollte. Also Wohnmobil aufräumen und spülen und dann auf nach Palas de Rei. Ins Deutsche übersetzt heißt der Ort Palast des Königs. Er hatte wirklich nichts Königliches an sich. Die Bundesstraße führte mitten durch den Ort. Es war die Geschäftsstraße schlechthin, und mehr war nicht zu sehen.

Am Ortseingang, ich war natürlich wieder auf der Suche nach einem Stellplatz, war eine große Tankstelle. Hier konnte ich Wasser bunkern. Ich fragte den Tankwart. Kein Problem. Wir hatten also wieder genug Wasser zum Duschen. Nachdem ich zweimal die Hauptstraße rauf und runter gefahren war, sah ich endlich ein Schild: zur Sportanlage. Sportanlage ist immer gut. Da gibt es stets Parkplätze. Ich fuhr dem Schild nach. Die Straße machte eine Links- und dann eine Rechtsbiegung, und dann sah ich den Sportplatz. Vor mir ein gepflasterter Weg, den ich überqueren musste. Welch ein Zufall. Es war der Camino. Es war nicht schwer, ihn zu erkennen, denn mir kamen jede Menge Pilger entgegen. Ich stellte mich etwas abseits vom Weg, aber so, das ich den Camino im Auge hatte. Dann ging ich mit unserem Hund ein wenig spazieren und fing wieder an zu schreiben.

Um 16 Uhr klopfte es an das Wohnmobil. Meine Frau, sie war wieder über eine Stunde schneller gewesen, als der Wanderführer vorgab. Das Laufen wird nach und nach zur Routine. Ich habe so langsam die Befürchtung, sie will gar nicht mehr aufhören.

In ihrem Tagebuch hat sie geschrieben: Diese Kilometersteine machen mich nervös. Ich will nicht nach Santiago – noch nicht.

Ich konnte sie gut verstehen. Wenn einem etwas Spaß macht und es einen interessiert, dann möchte man nicht, dass es zu Ende geht. Mir ging es so in den zwei Jahren der Ausbildung zum alternativen ganzheitlichen Krebsberater. Im Mai 2005 ging leider das letzte Wochenendseminar auf Mallorca zu Ende.

Ich hatte so viel erfahren, dass ich nicht mehr zur Blutuntersuchung ging, um meinen PSA-Wert feststellen zu lassen. Ich hatte von einem anderen Verfahren gehört und zwar der Dunkelfeldmikroskopie. Hier wird ein Tropfen Blut unter ein Dunkelfeldmikroskop gelegt und mittels Technik 1200- bis 1500-mal vergrößert. Dann wird dieses Bild über einen Computer auf einen Monitor übertragen. Ein erfahrener Therapeut kann an Hand der Struktur bzw. Veränderung der Zellen erkennen, ob sie gesund oder krankhaft sind. Meine Zellen sahen gesund aus. Für mich war das die Bestätigung. Ich bin gesund.

Als ich zum ersten Mal die Untersuchung bei mir vornehmen ließ, war ich fasziniert. Ich sah zum ersten Mal meine eigene Blutzelle. Ein Teil von mir, das auch noch unter dem Mikroskop so fühlt wie ich. Obwohl aus meinem Körper entfernt, wollte sie immer noch leben. Mir wurde auf einmal klar: Wir Menschen haben so ungefähr

60 Billionen Zellen, und jede will leben. Nicht die Zelle ist bei Krebs das Problem, sondern das Umfeld. Schaffe ich mir ein gesundes Umfeld, dann habe ich auch gesunde Zellen.

Während ich dieses schreibe, fällt mir ein Zettel aus meinem Notizbuch ein, den mir vor unserer Reise unsere Freundin Susanne mitgegeben hat. Sie hat uns einen Satz von Theodore Roethke mit auf den Weg gegeben.

„Ich lerne, indem ich dorthin gehe, wohin ich gehen muss".

Ich hebe ihn nachdenklich auf und denke, auch den Camino musste ich gehen, auch wenn ich dazu unser Wohnmobil benutzte.

Wohnmobil, es klopfte wieder. „Willst du mich hier im Regen stehen lassen?" Die Stimme meiner Frau. Ich gehe schnell zur Tür, öffne die Verriegelung und murmele: „Entschuldigung. Ich war so in Gedanken. Ich habe noch gar nicht mit dir gerechnet." Sie bleibt draußen stehen und sagt: „Ich habe eine Überraschung für dich. Du kannst dich doch noch an die beiden Frauen Ute und Heidi erinnern? Die mit dem kleinen Wohnmobil. Ich habe die beiden auf dem Camino getroffen, und wir sind die letzten Kilometer zusammen gegangen. Ich habe ihnen versprochen, dass du sie mit unserem Wohnmobil zurück nach Portomarín bringst, damit sie dort ihr Wohnmobil abholen können." Geschickt fügte sie noch hinzu: „Wenn du keine Lust hast, dann fahre ich."

Auf diese Überraschung hätte ich auch verzichten können, 30 Kilometer hin und 30 Kilometer wieder zurück, das war ein Stunde. Na gut, versprochen war versprochen. Ute, eine hoch gewachsene Frau, Ende vierzig mit schwarzem Kurzhaarschnitt und grauem Haaransatz, sah recht interessant aus. Sie setzte sich auf den Beifahrersitz und wir fuhren los. Sie hatten die letzte Nacht auch in

Portomarín verbracht und sie sind heute zusammen diese Etappe gegangen. Sie erzählte mir, das sie seit zehn Jahren mit ihren drei Kindern alleine lebt. Jetzt sind die Kinder erwachsen und aus dem Haus. Für sie ist es ein neuer Lebensabschnitt. Durch den Camino hat sie sich erhofft, eine Antwort auf ihre neue Lebenssituation zu finden. Ihre Tochter arbeitet im sozialen Bereich und sie glaubt, dass sie das wohl auch machen wird.

Ich wiederum erzähle von uns, dass wir auf Mallorca leben und ausgebildete ganzheitliche Krebsberater sind. Dass wir unsere Aufgabe darin sehen, Menschen über alternative Heilmethoden aufzuklären. Obwohl wir auf Mallorca eine gute Presse hatten, wir öfters vorgestellt wurden, mehrere Vorträge gehalten und viel Informationsmaterial verteilt haben, kam es nie wirklich zu einer richtigen Beratung. Es haben sich viele Menschen bei uns gemeldet, aber keiner war davon überzeugt, ohne Chemo oder Bestrahlung gesund werden zu können.

Ich erzähle ihr, dass ich kurz davor stehe, meine Beratertätigkeit aufzugeben. Dass ich befürchte, dass meine Selbstzweifel mich krank machen. Dass ich hoffe, auf dem Jakobsweg eine Antwort zu finden.

Wie schnell eine halbe Stunde vorbeigeht, wenn man sich angeregt unterhält. Portomarín ist schon in Sicht, und es sind nur noch ein paar hundert Meter bis zu ihrem Wohnmobil. Sie steigt aus und ich fahre gemütlich wieder zurück. Mein anfänglicher Unmut ist verflogen. Ich schiebe eine CD ins Fach und höre direkt wieder den Schlager: „Der Weg ist steinig und schwer" von Xavier Naidoo. Dieses Lied ist nicht umsonst in Deutschland ein Hit geworden. Auch auf dem Camino ist es ein Hit, der einen immer daran erinnert, durchzuhalten.

27.05.2007:
Von Palas de Rei nach Arzúa.
9 Stunden, 29 km.

Eselsweisheit

Zur Abwechselung hatten wir heute Morgen feinen Sprühregen. Die beiden Frauen, Ute und Heidi, hatten sich mit ihrem Wohnmobil neben unseres gestellt und waren schon zu Fuß unterwegs, als Hanne sich gegen 9 Uhr auf den Weg machte. Ich war wieder mit Routinearbeiten wie spülen, Hund versorgen und aufräumen beschäftigt. Wir hatten beratschlagt, diese Etappe zu verkürzen und zwar auf sieben Stunden, weil die darauf folgende Etappe nur fünf Stunden hatte. Als Zielort hatten wir uns Boente vorgenommen.

Also machte ich mich gegen 11 Uhr auf den Weg nach Boente über Melide. Melide war ein größerer Ort, der Markttag hatte. Hier wollte ich anhalten und einen Stadtbummel machen. Leider war nirgendwo ein Parkplatz zu finden, weshalb ich weiterfuhr.

Es sind nur noch drei Tage bis Santiago, dann sind wir angekommen. Sollte ich mich darüber freuen oder sollte ich traurig sein? Ich ließ es einfach offen.

Ich fuhr bis Boente und suchte den ganzen Ort nach einem geeigneten Stellplatz ab. Nichts. Ich ging in eine Bar und wartete bei einer Tasse Kaffee auf meine Frau. Ich saß eine halbe Stunde, da kamen die beiden Frauen Heidi und Ute vorbei. Sie sahen mich, grüßten, und setzten sich zu mir. Nur eine Viertelstunde später kam meine Frau. Sie hatte die beiden schon gesehen, war aber vorher in die

Pilgerherberge gegangen, um sich den Stempel abzuholen. Irgendwie hat meine Frau auf dem Camino Flügel, denn Heidi und Ute waren heute Morgen schon eine Weile vor ihr losgegangen.

Es war noch zu früh, um Schluss zu machen. Also noch ein Stück weiter laufen? Ute war der Meinung, in ihrem Wanderführer wäre beschrieben, dass kurz vor Arzúa eine Pilgerherberge ist, die mitten im Wald an einem Bach liegt.

Die drei Frauen machen sich wieder auf den Weg, und ich fahre nach Ribadiso, um die Herberge zu suchen. Der Ort steht nicht in meiner Straßenkarte. Ich muss den Wanderführer zur Hand nehmen, um den Ort zu finden. Fahre von der Hauptstraße ab, sehe zwei Pilger und weiß, in dieser Richtung muss die Herberge liegen. Fahre weiter. Der Weg wird immer enger. Wenn hier zwei Kühe nebeneinander laufen, haben die schon Platzprobleme. Endlich sehe ich zwischen Feldern am Waldrand mit Naturstein gebaute Gebäude. Ich habe sie gefunden. Aber wie komme ich hier wieder heraus?

Sehe an der Herberge eine Hofeinfahrt mit einem dahinter liegenden Platz. Da könnte ich wenden. Fahre hinein und während ich wende, überlege ich: Ich könnte ja für die Nacht stehen bleiben. Richte das Wohnmobil aus, als schon der Besitzer kommt. Ich erkläre ihm, dass meine Frau den Camino geht und ich der Schlafwagen bin. Er lachte und sagt: „Bis morgen früh 9 Uhr, dann wird hier gearbeitet." Zufrieden nehme ich unseren Hund an die Leine und gehe mit ihm spazieren.

Ich muss nicht lange warten, da kommt schon der Anruf meiner Frau. Ich erkläre ihr, ich stehe hier ganz versteckt, aber du wirst mich schon finden. Es war ein langer Tag und ich sehe ihr an, wie müde sie ist.

In ihrem Tagebuch hat sie allerdings geschrieben: Mittlerweile liebe ich den Regen fast, Natur pur, Wasser von oben und Bäche und Teiche. Ich muss nicht unbedingt nach Santiago!!!!!!

Wir haben es uns gerade gemütlich gemacht, als wir ein Auto hören. Ute und Heidi kommen auf den Hof gefahren und stellen sich neben uns. Ute ist per Anhalter zurückgefahren, um ihr Wohnmobil von Palas de Rei zu holen.

Etwas später kommt Heidi mit einem Buch in der Hand zu uns. Sie sagt, dass Ute ihr unser Gespräch von gestern erzählt hätte und sie wolle mir dieses Buch schenken, als kleines Dankeschön dafür, das ich mit Ute ihr Wohnmobil abgeholt hätte. Da ich für Bücher immer empfänglich bin, nehme ich dieses Geschenk dankend an.

Es hatte einen komischen Titel: „Eselsweisheit. Der Schlüssel zum Durchblick oder: Wie Sie Ihre Brille loswerden". Autor: Mirsakarim Norbekov, ein sehr bekannter Heiler aus Russland, dem man eine Heilungsquote von annähernd 100 Prozent nachsagt.

Wie immer schlage ich die letzte Seite auf, um etwas über den Inhalt zu erfahren, als ich folgendes lese: Sie sehen jetzt einem faulen Schüler ähnlich, der noch nicht einmal die Aufgaben durchgelesen hat, aber schon die Lösungen aufschlägt. Wollen Sie den Inhalt des Buches erfahren? Dann lesen Sie es von vorn bis hinten durch. Respekt, der kannte sich mit den Gewohnheiten der Menschen aus. Ich fange also an, das Buch von vorne zu lesen.

In einem Kapitel wird beschrieben, wie er zusammen mit einer Ärztekommission 600 Einladungen an Menschen verschickte, die im Begriff waren, an einer sehr schweren Erkrankung zu sterben, und zwar in einem Stadium, wo die Medizin hilflos die Hände sinken lässt. In der Einladung hatten sie geschrieben: Sie haben die reale

Chance, Ihre Gesundheit wiederherzustellen. Um es kurz zu machen. Es erschienen 12 Personen.

Damit waren meine Fragen beantwortet: Warum kam es nie wirklich zu einer richtigen Beratung? Warum war die Resonanz auf mein Bemühen so gering? Danke, Heidi.

Ich lerne, indem ich dorthin gehe, wohin ich gehen muss.

Pilgerherberge in Arzúa

28.05.2007:
Von Ribadiso nach Pedrouzo.
Ca. 6 Stunden, 21 km.

Schutzengel

Wir hatten gut geschlafen. Leider mussten wir um 7.30 Uhr aufstehen, weil wir ja unseren Platz bis 9 Uhr räumen mussten.

Wir sind ein Stück losgefahren, bis zu einem Parkplatz vor einer Sportanlage. Wir frühstückten gerade, da gesellten sich die beiden Frauen Ute und Heidi mit ihrem Wohnmobil zu uns. Stiegen aus. Grüßten und machten sich schon auf den Weg. Hanne ließ sich nicht aus der Ruhe bringen und frühstückte noch zu Ende. Wir hatten Zeit. Hanne ging gegen 10 Uhr los.

Nach einer Stunde folgte ich ihr mit dem Wohnmobil. Ich musste mich durch Arzúa durchzwängen. Es waren nicht nur jede Menge Pilger zu Fuß unterwegs, sondern auch ganze Gruppen mit ihren Fahrrädern. Meine ganze Aufmerksamkeit galt dem Verkehr, weshalb ich Hanne zu spät auf der linken Straßenseite gesehen hatte. Ich winkte ihr kurz zu und fuhr weiter.

Ich hatte Arzúa hinter mir gelassen und fuhr zum Leidwesen aller hinter mir fahrenden Autos im Bummeltempo in Richtung Pedrouzo. Nach etwa drei Kilometern sah ich auf dem Pilgerweg, der neben der Straße entlang läuft, die beiden Frauen, die graue Ursula und die blonde Ursula, mit denen ich in Sarria in der Bar saß und Kaffee getrunken hatte. Die graue Ursula winkte ganz aufgeregt und gab mir Zeichen, dass ich anhalten sollte. Die hinter mir aufgefahrene

Schlange war mir egal. Ich hielt mitten auf der Straße an. Öffnete die rechte Tür und fragte, was los sei. Ich sah es aber schon. Die blonde Ursula stand steif wie ein Brett auf dem Camino und konnte sich vor Kreuzschmerzen nicht mehr bewegen. Sie waren seit 6.30 Uhr auf dem Weg und es ging einfach nicht mehr.

Sie hatten extra den Camino an der Hauptstraße genommen, in der Hoffnung, dass ich vorbei kommen würde. Ich war gerührt. Natürlich nahm ich die beiden mit. Ich half der blonden Ursula den Rucksack abzunehmen, der mir fast aus der Hand fiel, weil er so schwer war und stützte sie, als sie die zwei Stufen ins Wohnmobil hinauf ging. Als die beiden Platz genommen hatten, fuhr ich weiter nach Pedrouzo, was auch ihr Ziel bei dieser Etappe war. In Pedrouzo angekommen stellte sich natürlich die Frage: Was ist jetzt zu machen? In die Herberge? Mit so vielen Pilgern? „Nein", sagte die Blonde, „wir gehen ins Hotel." An einer Tankstelle erklärte man mir, wo ich ein Hostal finden könnte. Es war nicht weit entfernt, und wir fuhren dort hin. Ein kleines, einfaches Hotel mit ungefähr zehn Zimmern.

Ja, sie hätten noch ein Zimmer frei, und das Zimmer hätte auch eine Badewanne. Ich ging zum Wohnmobil und sagte zu den beiden Frauen: „Hier könnt ihr bleiben." Völlig am Boden zerstört stiegen die beiden Frauen aus dem Wohnmobil. Die blonde Ursula war den Tränen nahe. Nicht nur wegen der Schmerzen, sondern auch, weil sie den Camino nicht weiterlaufen konnte. Ich versuchte sie zu trösten, indem ich ihr vorschlug, erst einmal in die Badewanne zu steigen und ein Natronbad zu nehmen. Natron haben wir nämlich immer mit dabei. Und morgen sieht die Welt schon wieder besser aus.

Die graue Ursula und ich nahmen die blonde Ursula in die Mitte und halfen ihr die Treppen zum Zimmer hoch. Ich sagte ihr noch, dass meine Frau sich mit der Dorntherapie auskennen und sie bestimmt behandeln würde. Sie bedankte sich für alles und meinte: Jedem Pilger auf diesem Weg stellt Gott einen Engel zur Seite, damit er ihn beschützt. Und heute wäre ich ihr Engel.

Ich hatte auf einmal einen Kloß im Hals, musste mich räuspern und wusste nicht so recht, was ich sagen sollte. Ich verabschiedete mich und versprach, am späten Nachmittag mit meiner Frau wiederzukommen.

Ich fuhr zu einer in der Nähe gelegenen Sportanlage, die wiederum am Camino lag, und machte Siesta. Gegen 16 Uhr kam mein Engel und klopfte ans Wohnmobil. Ich erzählte ihr die Sachlage, und sie war sofort bereit zu helfen. Gegen 17 Uhr waren wir am Hostal. Ursula wartete schon und freute sich, uns zu sehen. Hanne ging mit ihr dann auch direkt aufs Zimmer. Ich wartete mit der grauen Ursula in der Bar. Wir kamen noch mal auf den Camino zu sprechen und sie erzählte mir, das sie einen kranken Mann zu Hause hätte und es für sie vielleicht die letzte Gelegenheit wäre, den Camino zu gehen. Im Moment sei jemand da, der sich um ihren Mann kümmert.

Sie ginge den Camino aber auch für ihren Mann. Außerdem erzählte sie mir noch, dass sie mit der blonden Ursula zusammen eine Selbsthilfegruppe für Drogenabhängige leitet. Nachdem ihr Sohn durch Drogen gestorben war und der Sohn von der blonden Ursula drogenabhängig irgendwo in Berlin lebt, wollten sie anderen Menschen helfen und ihre Erfahrungen austauschen. Als ich sie so vor mir sitzen sah, etwa 1,60 Meter groß mit ihren ergrauten Haaren, habe ich mich gefragt: Woher nimmt sie nur die Kraft? Ihr Weg war bestimmt kein leichter, der war auch steinig und schwer.

Es dauerte nicht mehr lange, da kam meine Frau mit der blonden Ursula wieder zurück. Der blonden Ursula ging es sichtlich besser. Es war kein Bandscheibenvorfall, sondern, wie meine Frau meinte, eine sehr schwere Muskelverhärtung. Ich versprach der blonden Ursula: Ich komme morgen früh um 10 Uhr vorbei, und wenn du nicht laufen kannst, dann nehme ich dich mit nach Santiago.

Wir verabschiedeten uns und fuhren mit unserem Wohnmobil zur Sportanlage, um dort zu übernachten. Als wir dann ankamen, wen sahen wir dort? Heidi und Ute in ihrem Wohnmobil. Auf dem Camino trifft man halt immer die Menschen wieder, die man treffen soll.

Krankentransport für die blonde und graue Ursula

29.05.2007:
Von Pedrouzo nach Santiago.
5,3 Std., 22 km.

Angekommen

Hanne machte sich um 9 Uhr auf die letzte Etappe nach Santiago. Sie wollte sich etwas Zeit lassen. Es waren ja nur fünf Stunden. Es fing wieder an, leicht zu regnen. Da ich versprochen hatte, um 10 Uhr am Hostal zu sein, musste ich mich etwas beeilen. Ich war gespannt, ob die blonde Ursula auf mich wartete und was ihre Rückenprobleme machten. Pünktlich um 10.00 Uhr war ich am Hotel. Ging zur Bar. Und wer saß da und wartete auf mich? Die blonde Ursula. Da wir Zeit hatten, setzte ich mich zu ihr und bestellte mir auch einen Kaffee. Es ging einfach nicht. Die Schmerzen waren noch so stark, dass sie auch die letzte Etappe heute nicht laufen konnte. Ich sah, wie ihre Augen leicht feucht wurden, und sie fing an zu erzählen, dass sie sich nach 37 Ehejahren von ihrem Mann getrennt hätte. Dass sie von heute auf morgen ausgezogen ist und jetzt bei einer Freundin wohnt. Dass eine Unterhaltsklage gegen ihren Mann liefe. Dass sie zurzeit mittellos wäre und nicht wüsste, wie es weitergehen sollte. Mir wurde auf einmal klar: Da war die Antwort, die ich vor einigen Tagen gesucht hatte. Je näher sie ihrem Ziel Santiago kam, umso näher rückte auch der Tag der Heimreise. Ihre Seele sträubte sich, wieder in ihr altes Umfeld zurückzukehren. Ihr ganzer Körper verkrampfte sich und schrie förmlich: Ich will bleiben.

Wie war das noch mal mit der Zelle? Schaffe dir ein gesundes Umfeld, und du hast gesunde Zellen. Wenn man einmal so weit ist, im Sumpf seines eigenen Umfeldes zu versinken, dann beginnt man zuerst mit der Reinigung, der Entgiftung des Körper, stellt seine Ernährung um und fängt an, seine Seele zu reinigen. Unter Entgiftung und Ernährung kann man sich ja noch etwas vorstellen.

Aber was stelle ich mir unter Seele vor? Ich glaube, die Seele ist ein hauchdünnes Gebilde, leicht verletzlich und voller Emotionen. Voll von guten und schlechten Erinnerungen. Wobei die schlechten Erinnerungen wie Abfall in unserem Körper wirken. Nach einer

Heidi und Ute

gewissen Zeit wird der Müll toxisch und fängt an, unseren Körper zu vergiften. Wenn der Mensch einmal soweit ist, dann kommt er ohne fremde Hilfe aus diesem Sumpf nicht mehr heraus. Er muss sich energetisch aufbauen und dabei den alten Müll entfernen. Baron von Münchhausen hatte es geschafft, sich am eigenem Schopf samt Ross aus dem Sumpf herauszuziehen. Das ist aber meiner Meinung nach die schwierigste Übung. Hilfe bekam ich durch eine Seminarteilnehmerin, die ausgebildete Persönlichkeitsinformatikerin war. Ich hatte überhaupt keine Vorstellung, was ein Persönlichkeitsinformatiker ist. Hier eine Erklärung in Kurzfassung:

Das 1. Ortschild von Santiago

In unserem Unterbewusstsein sind alle Erlebnisse, Ereignisse und Erfahrungen in Form von Bildern abgespeichert. Keine Information geht jemals verloren. Während einer Sitzung begibt man sich in einen Entspannungszustand und arbeitet ausschließlich mit den kreativen und emotionalen Seiten des Gehirns. Dabei erlebt man seine inneren Bilder mit allen Sinnesmodalitäten und schildert dem Begleiter seine Eindrücke, Erlebnisse und Gefühle. Gleichzeitig erkennt man durch dieses Bildererleben die Hintergründe seiner körperlichen Symptome oder sozialen Konflikte.

„Hallo Manfred", holte mich eine Stimme aus meinen Gedanken wieder zurück. „Wollen wir so langsam fahren?" – „Ja, sicher, ich trinke nur eben noch meinen Kaffee aus." Ich ging zur Theke, bezahlte und half der blonden Ursula beim Aufstehen. Es sah wirklich nicht gut aus, wie sie in so vorsichtiger Haltung da stand. Ich nahm sie beim Arm, schulterte den Rucksack und half ihr zum Wohnmobil. Geschafft, die beiden Treppenstufen ins Wohnmobil in

Zeitlupe hochgestiegen und dann vorsichtig auf dem Beifahrersitz Platz genommen.

Eine halbe Stunde später sahen wir Santiago de Compostela. Die Kathedrale war schon von weitem zu sehen. Aber wie kommen wir dahin? Die Altstädte liegen immer im Zentrum der Stadt. Endlich ein Schild. Historische Altstadt. Wir folgten dem Schild. Der Verkehr wurde immer dichter. An einen Parkplatz war nicht zu denken. Also weiter mit dem Verkehrsstrom. Ursula sah auf einmal ein weiteres Schild: Historische Altstadt. Da müssen wir hin. Ohne zu überlegen, fuhr ich in die Straße hinein. Das war es, ich befand mich in der Fußgängerzone. Wie komme ich hier nur wieder heraus?

Kurz vor den Pollern, die man aufgebaut hatte, bog die Straße nach

Ankunft in Santiago

links ab. Glück gehabt, da ging es wieder hinaus. Ich hielt an und ließ die blonde Ursula aussteigen, denn näher kam ich an die Kathedrale nicht mehr heran. Ich wünschte ihr noch viel Glück und musste mich dann aber beeilen, denn es hatten sich schon eine ganze Menge Fahrzeuge hinter mir angesammelt, die anfingen zu hupen.

Ich wusste, dass es in Santiago einen Campingplatz gab. Auf den wollten wir auf jeden Fall fahren. Ich wurschtelte mich aus den engen Gassen heraus, fuhr bis zum Umgehungsring und hoffte, irgendwo ein Hinweisschild zu finden, das mir die Richtung zum Campingplatz zeigte. Ich musste die halbe Stadt umrunden, bevor ich dieses Schild gefunden habe.

Jetzt war es einfach. Eine viertel Stunde später hatte ich den Campingplatz erreicht und konnte mich erst einmal in Ruhe zurükklegen. Mittlerweile fing es wieder an zu regnen. Ich richtete das Wohnmobil aus, ging mit unserem Hund Gassi und lud unser Moped ab. Dann fuhr ich in die Altstadt.

Santiago de Compostela, eines der bedeutendsten Pilgerziele der Christenheit, lebt nicht von den Pilgern alleine. Im Gegensatz zu Lourdes oder Altötting ist Santiago eine Großstadt, die sich buchstäblich über dem Grab des Apostels Jakobus entwickelte, das im frühen 9. Jahrhundert aufgefunden wurde. Die heutige Kathedrale entstand im 11./12. Jahrhundert. Sie wurde nach der Grabeskirche in Jerusalem zum bedeutendsten Pilgerziel der Christenheit, die Zahl der Pilger übertraf jedoch jene nach Jerusalem um ein Vielfaches. Santiago war das mittelalterliche Fern-Pilgerziel schlechthin.

Ich schaute auf die Uhr. Wir hatten 13 Uhr. Was mache ich eigentlich schon hier? Meine Frau konnte noch gar nicht hier sein. Meine Zeitrechnung war durcheinander geraten. Ich schaute mir die beeindruckende Altstadt an, bis es wieder anfing zu regnen. Jetzt etwas essen und einen Kaffee trinken. Gegen 15 Uhr hielt ich es auf dem Barhocker nicht mehr aus. Außerdem müsste meine Frau auch so langsam eintreffen. Also Regenjacke an und noch einmal durch die Altstadt. Ich bin nicht weit gegangen, da sehe ich drei Gestalten im Regencape auf mich zukommen. Es sind meine Frau, Heidi und Ute. Sie haben sich unterwegs getroffen.

Sie hat es geschafft, sie ist angekommen. Nach 850 km Fußweg steht sie da im Regen. Etwas verloren schaut sie aus in ihrem gelben Regencape. Kein Empfangskomitee. Man ist einfach nur angekommen. Ich gehe langsam auf sie zu, klatsche dabei leicht Beifall mit den Händen, gebe ihr einen Kuss und sage: Herzlichen Glückwunsch, du hast es geschafft. Sie versucht, ihre Tränen zurükkzuhalten, aber es gelingt ihr nicht.

In ihr Tagebuch hat sie geschrieben: Wolken, Stirn bewölkt, weil es der letzte Tag ist. Der Weg war das Ziel, und doch ist das Ziel auch das Ziel.

Zusammen machen wir uns dann auf die Suche nach dem Pilgerbüro. Hier bekommt man nicht nur den letzten Stempel, sondern auch eine Urkunde darüber, dass man den Jakobsweg gelaufen ist. Als wir dort ankommen, sind wir nicht die Einzigen. Wir müssen warten, bis wir drankommen. Endlich, Hannes Namen wird notiert und dann in Latein in die Urkunde eingetragen. Man sagt uns noch, dass jeden Tag um 12 Uhr eine Messe für die Pilger in der Kathedrale abgehalten wird. Damit ist der offizielle Teil der Ankunft abgeschlossen.

Dann besichtigen wir die Kathedrale. Im Mittelschiff dominiert ein barocker Hochaltar, auf dem ein sehr bunter Apostel Matamoros das Christentum verteidigt. Der Hochaltar wurde über seinem Grab errichtet. Im Altar ist eine Silberbüste des Apostels ausgestellt, die seine Reliquien birgt. Eine Treppe führt hinauf in den Hochaltar, so dass man die Büste von hinten umarmen und dem Apostel die ausgeführte Pilgerfahrt melden kann.

Obwohl ich mich nicht als Pilger fühle, gehe ich mit meiner Frau die Treppe hoch, umarme die Büste, melde meine ausgeführte Pilgerfahrt und bedanke mich dafür, dass wir gesund angekommen sind.

Im Pilgerbüro. Empfang der Urkunde.

30.05.2007;
Santiago de Compostela.
12 Uhr. Pilgermesse.

Abschied

Endlich einmal ausschlafen. In aller Ruhe duschen. So lange, bis die Haut aufgeweicht war. Beim Frühstück offenbart mir meine Frau: Mit Santiago ist ihr Weg noch nicht zu Ende. Sie will unbedingt noch zum Cabo Finisterra, dem „Kap am Ende der Erde", und da traditionsgemäß ihre Pilgersachen verbrennen. Ich habe es befürchtet.

Eigentlich will ich einerseits nach Hause, aber andererseits ist es vielleicht die letzte Gelegenheit, den Camino bis Cabo Finesterra zu gehen. Lass uns erst einmal zur Pilgermesse gehen, sagte ich. Wir bestellen uns ein Taxi, weil es so spät geworden ist. Pünktlich um 12.00 Uhr fängt die Messe an. Die Kathedrale ist bis auf den letzten Platz mit Pilgern besetzt. Der Hochaltar mit der Büste des Apostels Matamoros ist hell erleuchtet. Es ist eine ehrfurchtsvolle Stimmung. Ich sehe links und rechts von mir Menschen aller Altersgruppen mit Tränen in den Augen. Es ist, als wenn man nach einer langen Reise zu Hause angekommen wäre. Mir wird auf einmal klar: Der Weg war nicht das Ziel, das Ankommen ist das Ziel.

Meine Gedanken schweifen zehn Jahre zurück. Es ist der 24. Dezember 1997, ich stehe mit meiner Frau dicht gedrängt in der Menschenmenge in der Kathedrale in Palma. Es war genau so feierlich. Nur hatten die Menschen keine Tränen in den Augen. Für sie war die Messe damals eine Attraktion, die man halt gesehen haben muss. Jetzt schauen meine Frau und ich uns an, und wir haben

Tränen in den Augen. Wir danken Gott, dass ich noch lebe. Wie viel Emotionen stecken in den letzten zehn Jahren. Wie viel Zweifel und wie viel Hoffnungen begleiteten meinen Weg. Wie viele Tränen sind in diesen zehn Jahren geflossen.

Eines ist mir bewusst geworden: Krebs ist nicht die tödliche Krankheit, wie man uns immer sagt. Die Schulmedizin brüstet sich damit, einen 50%igen Heilungserfolg zu haben, d. h. jeder Zweite überlebt die ersten fünf Jahre. Dass jeder Zweite stirbt, wird bei dieser Bilanz vergessen. Ich weiß nicht, ob Gott mich auf diesen Weg führte, aber dass ich geführt wurde, davon bin ich überzeugt. Ich befand mich zehn Jahre in der Warteschleife, die jetzt durch den Jakobsweg geöffnet wurde. Rückblickend sehe ich für mich den Jakobsweg wie einen langen Läufer, den ich mit jeder Etappe aufgerollt (aufgearbeitet) habe und jetzt hier in Santiago aufgerollt in die Ecke stellen kann. Ich werde ihn aber mitnehmen zum Cabo Finisterra, um ihn dort zu verbrennen.

Ich werde in meinen Gedanken gestört. Der Priester hat alle Teilnehmer aufgefordert, ihren Nachbarn die Hand zu schütteln. Wir drehen uns um und sehen hinter uns die Münsteraner und die beiden Ursulas. Wir geben Zeichen, dass wir uns nach der Messe am Ausgang treffen. Sie warten auf uns, als die Messe zu Ende ist. Die Begrüßung ist gleichzeitig Abschied. Die blonde Ursula hat ein gutes Hotel gefunden, wo sie mit ihrer Freundin untergekommen ist. Es geht ihr etwas besser. Am nächsten Tag fährt sie zurück nach Deutschland. Sie weiß nicht, was sie in Deutschland erwartet, denn ein Zuhause hat sie ja nicht mehr. Wir verabschieden uns mit etwas Wehmut und wünschen allen viel Glück für die Zukunft, dann sind wir alleine. Allein, ich schaue meine Frau an, nehme sie in den Arm und sage: „Mit dir war ich in den ganzen Jahren nie allein. Ich danke dir dafür."

Sie lächelt und meint: „Ich habe eine Überraschung für dich. Als Dank für die rollende Pilgerherberge lade ich Dich zum Essen ein und zwar in ein Nobelrestaurant, ins ‚Parador'. Es soll gleichzeitig auch unser Essen zum Hochzeitstag sein." Bis dahin sind es noch zwei Tage, aber wann finden wir noch mal die Gelegenheit? Das lasse ich mir nicht zweimal sagen und stimme sofort zu.

Am späten Nachmittag fuhren wir dann mit dem Autobus zurück zum Campingplatz. Mein Weg ist in jeder Hinsicht beendet. Hanne will doch noch die drei Etappen zum Cabo Finesterra. Da ich gedanklich in der Kirche mit meinem Läufer schon am Cabo Finesterra war, um ihn dort zu verbrennen, bin ich sofort damit einverstanden.

Pilgermessen jeden Tag um 12.00 in der Kathedrale

Mittagessen im Restaurant „Parador"

Kathedrale von Santiago

31.05.2007:
Zwei Etappen.
Von Santiago nach Negreira und von Negreira nach Hospital

Regentag

Das Wetter spielt wieder verrückt. Es regnet in Strömen. Wir machen das Wohnmobil klar und fahren vom Campingplatz nach Santiago und suchen den Camino nach Cabo Finisterra. Er ist hinter Santiago nicht mehr so gut gekennzeichnet. Wir fahren nach Sanhago, dann weiter nach Negreira und befinden uns schon in Hospital. Es regnet immer noch in Strömen, und wir beschließen, die Nacht in Hospital zu verbringen. Hanne will wenigstens die letzte Etappe noch laufen. Wir verbringen eine ruhige Nacht neben einer Sportanlage.

Monte Gozo bei Sonnenschein

01.06.2007:
Von Hospital nach Cabo Finisterra

Liebe

Es regnet nicht mehr so stark. Ich bringe meine Frau zum Ausgangspunkt des Caminos und bleibe noch eine Weile stehen. Gehe mit unserem Hund spazieren, dem es immer schlechter geht. Ich muss ihm beim Einsteigen ins Wohnmobil helfen. Alleine kommt er nicht mehr die Treppe hoch.

Dann fahre ich weiter bis nach Cée, einem Ort direkt am Meer. Kurz vor dem Cabo Finisterra halte ich an. Ich stelle mich auf einen großen Parkplatz und genieße die Sonne, die sich mittlerweile zwischen den Wolken hervortraut. Nach eineinhalb Stunden kommt meine Frau vorbei. Ich stehe, ohne es zu wissen, wieder am Camino. Wir setzen uns auf eine Bank und essen zusammen eine Kleinigkeit. Dann geht meine Frau weiter, denn es liegen noch, mit dem Anstieg zum Leuchtturm, etwa fünf Kilometer vor ihr.

Ich gehe einkaufen und fahre dann zum Cabo Finisterra. Die Wolken haben sich verzogen, und es ist inzwischen ein herrlicher Sonnentag geworden. Oben angekommen parke ich auf einem Randstreifen. Ich steige aus, als mir eine alte Bekannte entgegen kommt. Es ist Heidi. Ute ist die letzten drei Etappen gelaufen und wird auch in den nächsten 2 Stunden da sein. Somit haben wir Gelegenheit, uns auch von den letzten zu verabschieden, denen wir auf dem Weg begegnet sind.

Von weitem sehe ich meine Frau schon die lang gezogene Straße zum Leuchtturm heraufkommen. Ich muss eine Dreiviertelstunde warten, bis sie endlich den letzten Abschnitt des Weges geschafft hat. Wir gehen zusammen ein Stück die Klippen hinunter und suchen einen geeigneten Platz, wo wir unsere Sachen verbrennen können. Hanne will ihre alten Wanderschuhe verbrennen. Leider dürfen wir kein Feuer machen. Also einfach stehen lassen. Ich schaue aufs Meer und hole gedanklich meinen aufgerollten Läufer hervor, stecke ihn an und lasse ihn brennend den Berg hinunter rollen. Es ist wie eine Befreiung.

Gut gelaunt gehen wir zum Leuchtturm und stellen fest: Hier gibt es auch ein Lokal. Zwar nur ein kleiner Raum mit fünf Tischen, dafür mit einer fantastischen Aussicht aufs Meer. Uns fällt fast gleichzeitig ein: Mensch, wir haben ja heute den 1. Juni, unseren 24. Hochzeitstag. Das wäre doch die Gelegenheit heute Abend. Gesagt getan, wir bestellen einen Tisch für 20.30 Uhr. Pünktlich sind wir im Restaurant. Wir sind die einzigen Gäste. Wir setzen uns an einen Tisch direkt am westlichen Fenster. Hier haben wir die ganze Abendsonne im Blick. Während wir essen, wird meine Frau sehr ernst und sie sagt zu mir: „Weißt du, ich kann dir ja jetzt sagen, warum ich den Jakobsweg gegangen bin. Während deiner Krankheit hatte ich Gott versprochen, wenn du wieder gesund wirst, gehe ich den Jakobsweg." Ich schlucke und kann nichts dazu sagen, außer: „Ich liebe Dich."

Im Mittelalter war der Punkt, auf dem wir jetzt sitzen, das Ende der Erde, denn hier ging es nicht mehr weiter, deshalb auch der Name: Finisterra. Ich nehme die Hand meiner Frau. Wir schauen aus dem Fenster und sehen, wie die Sonne im Meer versinkt, und ich denke:

Wir gehen nicht nur zusammen bis ans Ende der Erde, sondern wenn es sein muss, gehen wir gemeinsam bis ans

ENDE DER WELT.

Nachwort

Frage: Was ging in Ihnen vor, als Sie die Diagnose Krebs erhielten?

Antwort: Nach der Diagnose Krebs wird man so ziemlich allein gelassen. Wenn Sie weder Familie noch einen Partner haben, der Sie auffängt, sttürzen Sie ab. Ich hatte das Glück, dass meine Frau bei jeder Untersuchung und bei jedem Gespräch dabei war. Vor allem bei der Diagnosestellung war ich froh, einen Zeugen zu haben.

Frage: Weil Sie unter Schock kaum noch einen klaren Gedanken fassen konnten?

Antwort: Ja – und Angst ist nun mal ein schlechter Ratgeber. Aber bei der Diagnose Krebs gerät man sofort in Panik und klammert sich an jeden Strohhalm. Leider wird einem nur ein ganz kleiner gereicht. Bei mir war es die Statistik, dass 80 Prozent der Patienten bei nicht aggressivem Prostatakrebs die ersten fünf Jahren überleben.

Frage: Hatten Sie damals die Hoffnung, dass sich in diesen fünf Jahren Forschung und Behandlungsmöglichkeiten zu Ihren Gunsten weiterentwickeln könnten?

Antwort: Ja, aber diese Hoffnung, dass sich in der Krebstherapie etwas bewegt, hat sich nicht erfüllt. Selbst nach zehn Jahren hat sich nichts geändert.

Frage: Wie ehrlich wurde mit dem Thema Potenz umgegangen?

Antwort: Es wird zwar immer darüber gesprochen, potenzerhaltend zu operieren, aber bei einer Radikaloperation ist dies in 90 Prozent der Fälle nicht möglich. Das habe ich aber erst später erfahren.

Frage: Was würden Sie denn heute anders machen?

Antwort: Heute würde ich mich besser informieren. Heute weiß ich, dass es eine Fülle von alternativen Krebstherapien gibt. Kompetente Informationen darüber gibt zum Beispiel der Verein „Menschen gegen Krebs" (www.krebstherapien.de),

Frage: Auch die Medien bringen ja jede Menge Berichte zu neuen Krebstherapien. Können das ebenfalls verlässliche Informationsquellen für betroffene Patienten sein?

Antwort: Seien wir doch mal ehrlich: Was kann man damit im Grunde anfangen? Jeden Tag lesen wir etwas anderes. Hier ein paar Titel aus Zeitungen der letzten drei Jahre:

Tokio:	Kaffee schützt vor Krebs
London:	Curry hilft gegen Krebs
London:	Leukämie durch Stromleitung
Frankfurt:	Alkohol ist doch nicht gesund
Neu Isenburg:	Gesunde Ernährung hilft nicht gegen Krebs
London:	Alkoholfreies Bier hilft gegen Krebs
Baiersbronn:	Alkohol lässt Krebszellen wachsen
Washington:	Fleischessen erhöht Krebsrisiko
Chicago:	Olivenöl ist stärkste Krebswaffe
USA:	Sonne ist doch gesund
	Bei Menschen, die sich häufig sonnen, verläuft der schwarze Hautkrebs seltener tödlich usw. usw.

Die Wissenschaftler und Forscher scheinen selbst nicht mehr durchzublicken. Da sagen sich viele: Dann gehe ich doch lieber gleich zum Arzt, denn der kennt sich ja aus.

Frage: Eine häufige Fehleinschätzung, wie Sie heute glauben, oder?

Antwort: Ja, denn auch Ärzte bekommen diese Forschungsergebnisse zugestellt und geben sie weiter. Der Gipfel ist dann noch die Werbung der Pharmaunternehmen „Forschung ist die beste Medizin". Für wie dumm werden wir da eigentlich gehalten?

Frage: Wie meinen Sie das?

Antwort: Wenn das Hamburger Abendblatt zum Beispiel schreibt: „Jeder zweite Krebskranke in Deutschland wird geheilt", sagte dazu der Vorsitzende der Deutschen Gesellschaft für Innere Medizin (DGIM): „Das heißt doch auch nichts anderes als: Jeder zweite stirbt." So etwas sagen Mediziner nach achtzig Jahren Krebsforschung! Hinzu kommen noch die erschütternden Berichte über Prominente, die an Krebs erkrankten und denen nicht mehr geholfen werden konnte. Es ist doch klar, dass hier mit der puren Angst operiert wird.
Sollten Sie das Buch von Diana Hellmann „Aus Liebe zu ihm" gelesen haben oder wenigstens einige Auszüge, wird Ihnen aufgefallen sein, dass die Prostataerkrankung des Protagonisten bei einer Routineuntersuchung entdeckt wurde. Ich bin davon überzeugt, ohne Routineuntersuchung hätte der Mann noch ein paar geruhsame Jahre gelebt – weil er sich den ganzen schulmedizinischen Verfahren entzogen hätte.

Frage: Und deshalb haben Sie sich selbst kundig gemacht und sind alternativer Krebsberater geworden?

Antwort: Genau, das war das Beste, was mir während meiner Krankheit passieren konnte. Der Verein „Menschen gegen Krebs" hatte im Herbst 2003 damit angefangen, in Form von Wochenendseminaren Menschen über alternative Krebstherapien zu unterrichten. Ich war auf einmal unter Menschen, die der gleichen Meinung waren wie ich, dass die Schulmedizin nicht wirklich helfen kann.

Mittlerweile läuft das dritte Seminar. Über ganz Deutschland verteilt können Sie heute bei Fragen einen alternativen Krebsberater in Ihrer Nähe antreffen.

Frage: Was kann man sich unter einem alternativen Krebsberater vorstellen?

Antwort: Wir sind Menschen, die mehr über alternative Krebstherapien als manche Schulmediziner wissen. Dieses Wissen wollen wir vermitteln, was nicht immer leicht ist. In Amerika ist man so weit, dass es für alles und für jeden einen Berater gibt. Man nennt sie Coaches. Diese Berater werden gefragt, bevor man eine Entscheidung trifft. Soweit sind wir in Deutschland noch nicht. Zu uns kommen die Menschen meistens erst dann, wenn die Schulmedizin nicht mehr weiter weiß.

Frage: Sie sagen in Ihrem Buch, dass Sie als Krebspatient irgendwann anfingen, gegen den Strom zu schwimmen. Bedeutet das auch, die Verantwortung für seine eigene Gesundheit rechtzeitig selbst in die Hand zu nehmen?

Antwort: Ich möchte darauf mit einem Satz des amerikanischen Soziologen Robert S. Lynd antworten:

„Es ist leichter, eine Lüge zu glauben, die man hundertmal gehört hat, Als eine Wahrheit, die man noch nie gehört hat:"

Dieser Wahrheit zu folgen heißt für mich: gegen den Strom zu schwimmen. Nur wer gegen den Strom schwimmt, kommt zur Quelle.
Ich würde mir wünschen, dass immer mehr Krebskranke den Mut fassen, gegen den Strom zu schwimmen. Und ich freue mich darauf,
diese Menschen an der Quelle der Gesundheit wiederzutreffen.

MENSCHEN GEGEN KREBS e.V.

Alle Menschen haben das Recht zu wissen und zu wählen

Menschen gegen Krebs e.V. * Postfach 12 05 * 71386 Kernen
Tel: 07151-910217 * Fax: 07151-910218
e-mail: mgk@krebstherapien.de * www.krebstherapien.de

Liebe Leserin! Lieber Leser!

Jeden Tag wenden sich Menschen mit Krebs, deren Angehörige, Journalisten, Wissenschaftler, Ärzte und weitere Interessierte an unsere Organisationen in den USA, Großbritannien und Deutschland, um mehr Informationen über erfolgreiche Krebstherapien zu erhalten. Dies geschieht vor allem vor dem Hintergrund, dass in absehbarer Zeit Krebs die Herz-Kreislauferkrankungen als Todesursache Nr.1 in Deutschland ablösen wird. Immer wieder wird uns von großen Fortschritten der Chemotherapie, durch Interferon, Interleukin, Stammzelltherapie, Gentherapie, stereotaktischen Bestrahlungen, Angiogenese-Hemmer und vieles mehr erzählt. Doch wenn man ins Detail geht, erkennt man sehr schnell, dass die Statistiken auf den zweiten Blick nicht so positiv aussehen wie viele Krebskranke oftmals annehmen.

Krebs wird leider immer noch als eine eigene Krankheit angesehen - **und nicht als ein Symptom einer Erkrankung eines Menschen.** Deshalb wird auch immer noch versucht, die *Krankheit Tumor* mit allen zur Verfügung stehenden Mitteln wie Chemotherapie oder Bestrahlung auszumerzen. Es werden nur noch Tumore - und keine Menschen mehr behandelt. Durch diese Sichtweise war es möglich, dass sich in den letzten Jahrzehnten alles auf 4 Krebstherapien konzentriert hat: Chirurgie, Bestrahlung, Hormon- und Chemotherapie. Fast alle Forschungsgelder sind in diese Therapien geflossen - doch für Millionen Krebskranker ohne irgendeinen durchbrechenden Erfolg.

Unsere täglichen Erfahrungen zeigen uns, dass die meisten Onkologen immer noch versuchen, ausschließlich Tumore zu zerstören. dass die Zerstörung eines Tumors jedoch nicht gleichzusetzen ist mit einer Verlängerung der Lebenszeit und schon gar nicht mit einer Verbesserung der Lebensqualität, zeigen die vielen Metastasen und leider auch die hohe Sterblichkeitsrate bei den häufigsten Krebsarten. Um Mißverständnisse auszuschließen: Die Zerstörung des Tumors ist ein wichtiger Bestandteil jeder Krebstherapie und auch wir sind in bestimmtem Fällen für den Einsatz aggressiver Mittel.

Jedoch wurde durch diese einseitige Sichtweise in den letzten Jahrzehnten der Mensch als Träger des Tumors leider vergessen. Denn er ist es, der diesen Tumor entwickelt. Nur wenn wir den ganzen Menschen betrachten, und nicht nur seinen Tumor, können wir ihn auch richtig behandeln. Ein weiterer Punkt ist der, dass durch diese einseitige Konzentration andere erfolgreiche Krebstherapien in den Hintergrund geraten sind. Wir hören immer wieder: "Mein Arzt würde es doch wissen, wenn es andere erfolgreiche Krebstherapien gäbe."

Dabei erleben wir doch alle jeden Tag, dass die ganzheitliche Betrachtung von Krankheiten zugunsten einer chemischen bzw. High-Tech Medizin weichen muß und deswegen erfolgreiche Therapien vergessen, verdrängt, aus finanziellen Gründen verleugnet, als nicht erfolgreich verkannt oder an den Universitäten erst gar nicht mehr gelehrt werden. Ob eine

Therapie erfolgreich ist oder nicht, wird in der Wissenschaft vor allem mit sogenannten Doppelblindstudien bewertet. Leider zeigt es sich jedoch immer wieder, dass diese Studien entweder falsch bewertet werden oder aber die Zahlen nicht richtig sind. Ein weiteres Problem stellen außerdem Fälschungen aus Profitgier dar. Aufgrund solcher "Forschungen" kommen dann Medikamente auf den Markt, auf die sich Betroffene und Ärzte verlassen. Der Leidtragende ist dabei der erkrankte Mensch.

Einerseits sagen Ärzte und Krankenkassen, dass Sie nur Doppelblindstudien als wissenschaftlich fundiert akzeptieren, und andererseits werden diese Doppelblindstudien von den gleichen Personen angezweifelt, wenn sie nicht in deren Schema passen. Oder wie kann man sich sonst erklären, dass es sehr viele Doppelblindstudien gibt, die beweisen, dass Chemotherapien bei epithelialen Tumoren (über 80% aller Krebsarten) nur in den wenigsten Fällen geholfen haben, das Leben zu verlängern, jedoch immer noch bei den meisten Krebskranken eingesetzt werden. Ärzte dürfen in Deutschland zuerst einmal nur *wissenschaftlich fundierte* Therapien anwenden. In der Regel "dürfen sie wählen" zwischen einer krebserzeugenden Bestrahlung, einer immunzerstörenden Chemotherapie und einer Operation, deren Folgen evtl. nie mehr rückgängig zu machen sind.

Doch Hand aufs Herz, wer untersucht eigentlich, wie wissenschaftlich diese Wissenschaft noch ist? Wie frei können Ärzte eigentlich ihre Patienten behandeln, bzw. wie stark werden Sie von Institutionen, Regierungen und Firmen unter Druck gesetzt? Krebs ist eine den ganzen Menschen umfassende Erkrankung, und Sie müssen die Verantwortung für Ihre Gesundheit heute mehr denn je wieder in Ihre eigene Hand nehmen.

Täglich erfahren wir von Menschen, wie diese ihren Krebs besiegt haben, welche Therapien sie machten, welche Ernährungsmaßnahmen die Therapien begleiteten, welche Visualisierungstechniken sie benutzten, welche allgemeinen Lebensveränderungen notwendig waren, um den Krebs zu besiegen und vieles, vieles mehr. Die Summe dieser Maßnahmen läßt sich leider in kein bestehendes wissenschaftliches System pressen und auswerten - und schon gar nicht erfolgreich patentieren. Viele Menschen, die sich an uns oder an ganzheitlich denkende Krebstherapeuten wenden, haben noch etwas gemeinsam: Sie haben sich nicht-konventionellen Therapien meist erst in einem Stadium zugewandt, nachdem konventionelle Therapien versagten. Um so positiver sind deshalb die Erfolge zu bewerten, die wir tagtäglich erfahren dürfen. Wie groß könnten die Erfolge erst sein, wenn Krebskranke sich schon früher darum bemühen würden, welche Möglichkeiten einer Therapie es gibt, und nicht erst, nachdem wichtige Teile herausgeschnitten wurden, notwendige Organe durch agressive Präparate fast unfähig sind normal zu arbeiten, und die Angst vor dem Tod das Immunsystem so stark unterdrückt, dass ein zufriedenes Leben nur noch begrenzt möglich ist.

Krebs ist heilbar. Immer wieder erleben wir, dass auch Menschen in einem sogenannten *finalen Stadium* ihren Krebs besiegen. Werden Sie deshalb aktiv und finden Sie heraus, was Sie noch heute gegen Ihren Krebs tun können. Übernehmen Sie die Verantwortung für Ihre Erkrankung. Überlassen Sie es nicht anderen Menschen, dass Sie gesund werden. Beginnen Sie noch heute damit, darüber nachzudenken, was Sie zukünftig anders machen werden und vertrauen Sie Ihrer inneren Stimme, die Ihnen sagt, dass SIE Ihren Krebs besiegen.

Wir werden alles tun, um Sie auf diesem Weg so gut wie möglich zu unterstützen.

SENSEI Verlag – wir sorgen uns um Ihre Gesundheit

„Zukünftig wird es nur noch zwei Gruppen von Krebskranken geben. Solche, die dieses Buch gelesen haben – und die Nichtwissenden."

Seit vielen Jahren bereist Lothar Hirneise die ganze Welt auf der Suche nach den erfolgreichsten Krebstherapien und klärt Menschen darüber auf, dass es mehr als Chemotherapie und Bestrahlung gibt. Neben der Beschreibung von über 100 Krebstherapien und Substanzen zur Behandlung von Krebs, klärt der Autor auch darüber auf, welche Krebstherapien bei welchen Krebsarten in der Schulmedizin angewandt werden und was man als Patient unbedingt wissen muss, bevor man sich solchen Therapien unterzieht.

Erstmals wird auch das 3E-Programm beschrieben, das auf der Auswertung der Krankengeschichten von Tausenden von Menschen beruht, die Krebs in einem sehr späten Stadium überlebt haben. Erfahren Sie, warum so viele Menschen an Krebs sterben müssen und andere nicht. Das Buch liefert nicht nur eine unglaubliche Menge an Informationen, sondern hilft dem Krebskranken auch durch aktive Übungen des 3E-Programmes, seinen eigenen Weg zu finden, um Krebs zu heilen. Großformat, Über 800! Seiten nur € 39,90.

Das **Mind**Store System zählt europaweit zu einem der bekanntesten Programm für eine positive Persönlichkeitsentwicklung. Mit einfach anzuwendenden Techniken zeigt der Jack Black, wie jeder seine Ziele erreichen kann, und zwar unabhängig davon wie welche es sich handelt.

Viele Menschen nehmen heutzutage an Kursen für Zeitmanagement, Präsentationstechniken, Teamförderung, Projektmanagement und vielen anderen nützlichen Kursen teil. Doch wo andere Kurse aufhören, fängt **Mind**Store erst an. Der Autor lehrt Sie Grenzen zu sprengen und wie Sie zuvor unerreichbare Ziele verwirklichen können. Nehmen Sie die Zügel für Ihre Zukunft ab sofort fest in die Hand und beginnen Sie noch heute die ersten Schritte in eine neue Welt der tiefen Zufriedenheit.

Jack Black stieß in seinen Forschungen auf eine Nobelpreis Studie von Roger W. Sperry. Diese Studie gab ihm wichtige neue Einsichten in die innere Welt unseres Gehirns. Aus diesen Forschungen entwickelte sich über die Jahre ein Trainingssystem an dem bis heute über 200.000 Menschen teilgenommen haben. Viele von ihnen haben anschließend darüber berichtet, wie sich ihr Leben durch **Mind**Store positiv entwickelt hat. 212 Seiten nur € 12,90.

Seit über 40 Jahren behandelt die mehrfach für den Nobelpreis nominierte Wissenschaftlerin, Frau Dr. Johanna Budwig, erfolgreich Krebskranke. Mehr als 50% ihrer Patienten sind Ärzte oder Angehörige von Ärzten, die wissen, warum sie sich bei einer so ernsthaften Erkrankung auf die Erfahrungen dieser brillianten Physikerin, Chemikerin und Pharmakologin verlassen, anstatt sich der herrschenden Meinung anzuschließen, die da sagt, dass Tumore durch Chemotherapie und Bestrahlung zerstört werden müssen. Frau Dr. Budwig erklärt in diesem Buch ausführlich, welche Theorien hinter ihrer Therapie stehen und wie einfach die Umsetzung der Therapie sein kann. Dieses Buch sollte jeder Krebskranke und Onkologe lesen. 140 S. € 15,90

In diesem Buch werden den nicht nur Krebsbehandlungen etwas kritischer betrachtet, sondern auch die Früherkennungstests wie Abstrich oder Mammographie etwas genauer angeschaut. Die Autorin, beschreibt, dass gern benützte Worte wie „Tumorverkleinerung" und „positive Reaktion auf die Behandlung" nicht unbedingt gleichzusetzen sind mit Überlebenschance oder Lebensqualität. Anmerkung: Damit ein Medikament die Zulassung bekommt, muss es nur nachweisen, dass es Tumore schrumpfen lässt und nicht, dass es Leben verlängert. Inhalt: Diagnostische Übertreibungen, Cholesterin-Trugschluss, Impfungen, Antibiotika, Zahnmedizin, Operationen, Verantwortung übernehmen und vieles, vieles mehr. 430 Seiten nur € 18,90

SENSEI Verlag – wir sorgen uns um Ihre Gesundheit

Leben ohne Krebs

Der Holländer A.J. Lodewijkx beschäftigt sich schon seit über 30 Jahren intensiv mit der Krebsproblematik. Er hat sich in dieser Zeit intensiv mit den Forschern Budwig, See-ger, Warburg, Jung, Kuhl, Wendt, Issels, Spengler und Koch beschäftigt. Dabei fand er einen roten Faden der Therapie heraus, welchen er in seiner Therapien seit nunmehr drei Jahrzehnten erfolgreich einsetzt. Wer sich als Leser darüber informieren will, wie Krebs entsteht und warum Ernährung und Entgiftung eine zentrale Rolle in allen Krebstherapien spielt, für den ist dieses Buch ein Juwel. Zusätzlich klärt der Autor auf, wie er Krebs diagnostiziert bzw. welche Methoden er zur Therapiekontrolle anwendet. A5, 224 Seiten nur € 18,90.

Öl-Eiweiß Kost,

In diesem Buch geht es um die Praxis der erfolgreichen Krebstherapie. Es werden mehr als 160 Menü-vorschläge präsentiert und auf wenigen Seiten noch einmal alle wichtigen Ernährungsschritte erklärt. E. Clement, Magazin *Regeneration:* "Diese einfache Therapie hat gegenüber all den anderen zwei Nachteile:
1. sie sieht zu einfach aus, klingt nicht gelehrt;
2. sie erfordert eine persönliche Anstrengung, ein Umdenken. Sie ist aber die einzig biologisch vollwertige Methode." Dieses Buch ist das Praxisbuch zum erfolgreichen Titel von Frau Dr. Budwig: **Krebs - das Problem und die Lösung.** A5, 180 Seiten nur € 15,30.

Schulmedizinisch aufgegeben - was nun?

Heidrun Ehrhardt hatte keine Hoffnung mehr. Schulmedizinisch austherapiert und beide Lungen voller Metastasen, bot man ihr noch einen Versuch mit einer Hochdosischemotherapie an, welchen sie dankend ablehnte und sich für einen biologischen Weg entschied. Lernen auch Sie von der Autorin, dass:
* Krebs in jedem Stadium der Krankheit zu besiegen ist und man auch dann die Hoffnung nicht aufgeben sollte, wenn dies die Ärzte schon längst getan haben.
* Krebs bei weitem nicht die gefährliche Krankheit ist als die sie immer wieder dargestellt wird und die Diagnose bzw. die Therapien oftmals schlimmer sind als die Erkrankung. * Krebs in einem späten Stadium nur dann gehelt werden kann, wenn man ganzheitliche Therapien anwendet. * Krebs mit vielen Therapien sehr erfolgreich behandelt werden kann und nicht nur mit Chemotherapie und Bestrahlung. A5. 340 Seiten nur € 18,90.

Rücken-schmerzen?

„Viele Menschen kennen ihr Auto wie ihre Westentasche und pflegen es auch gut. Würde eine Werkstatt den noch funktionierenden Auspuff erneuern wollen, gäbe es Protest. Man würde noch andere Fachleute dazu befragen und sich mehrere Angebote einholen. Sagt aber ein Arzt, dass eine Operation notwendig ist, erkundigen sich die wenigsten, was es da noch auf dem Markt der Möglichkeiten gibt."
Humorvoll lebt die Protagonistin vor, wie sie die Volkskrankheit Nummer eins, Rückenschmerzen, für sich und ihre persönliche Ent-Wicklung nutzt. Trotz Gesundheitsreform und unterschiedlicher schulmedizinischer Meinungen, lässt sich die Autorin einige Weisheiten von ihrer Bandscheibe flüstern und lebt ohne die empfohlene OP ein angenehmes Leben. Ein ideales Geschenkbüchlein! 244 Seiten handliches Format nur € 9,90.

SENSEI Verlag – wir sorgen uns um Ihre Gesundheit

DIE GEHEIMNISSE DER BIENENAPOTHEKE

Mehr Power und Erfolg im Kampf gegen Krankheiten und vorzeitiges Altern, bessere Lebensqualität und mehr Lebensfreude dank des neu entdeckten Wissens über die uralten Heilkräfte von Honig. So geht die Autorin detailliert auf zahlreiche Einsatzmöglichkeiten von Honig ein bei verschiedenen Beschwerden und Erkrank-ungen von A wie Abwehr-schwäche, Allergien, Asthma über B wie Blutarmut, Blutdruck, Bronchitis, D wie Darmkatarrh, G wie Grippe, Gürtelrose, H wie Herzinfarkt, K wie Krebs, L wie Leberent-zündung, Lungenentzündung, P wie Prostatavergrößerung, R wie Rheuma bis Z wie Zahnfleischentzündung. *116 Seiten nur € 12,90*

Das Meta-Medizin Handbuch

Was wäre, wenn man im Gehirn den ganzheitlichen Zustand unseres gesamten Körpers und der Psyche, wie in einem Buch, ablesen könnte? Was sind die URSACHEN von Erkrankungen und warum werden Krankheiten oftmals chronisch? Kann man wirklich Ursachen und nicht nur Symptome behandeln? In diesem Buch erhalten Sie Antworten auf Ihre Gesundheitsfragen und verlieren gleichzeitig die Angst vor Symptomen. Ab sofort können auch Sie die Selbstverantwortung für Ihren Körper und Ihren Geist übernehmen und Sie werden neue Wege finden zur bio-*logischen* Heilung. Nur € 22,90

Dass Gesundheit durch chemische Medikamente und Arztbesuche nicht käuflich erwerbbar ist, hat uns die Vergangenheit mit von Jahr zu Jahr mehr Kranken gelehrt. Früher waren es die Seuchen wie Cholera und Pest, die die Menschen massenhaft dahin gerafft haben. Heute sind es die Zivilisationskrankheiten, allen voran Krebs und Herz- Kreislauferkrankungen, denen aufgrund falscher oder unvollständiger Behandlung jährlich viele Millionen Menschen unnötigerweise zum Opfer fallen.

In diesem Buch werden die Ursachen der Krankheitsflut erörtert und naturheilkundliche, effektive und wissenschaftlich fundierte Behandlungsmethoden zu den häufigsten Zivilisationskrankheiten verständlich gemacht. Gesundheit ist einfach, erhaltbar und im Krankheitsfall grundsätzlich wieder herstellbar. Dieses Buch erklärt Ihnen, was Sie erstens selbst tun können und zweitens was Sie beachten müssen, wenn Sie wieder zu Ihrem Arzt gehen. *Hardcover, 432 Seiten nur € 22,90 * 3-932576-70-5*

Aufstehen & weitergehen

Über mehrere Wochen hinweg begleitet Manfred Bleckmann seine Frau Hanne auf dem berühmten Jakobsweg. Während seine Gemahlin sich einen Traum erfüllt und große Strapazen auf sich nimmt, geht der Autor währenddessen in Gedanken seine eigenen Lasten der letzten Jahre durch. Schockiert durch die Erstdiagnose Prostatakrebs und verzweifelt als seine PSA Werte trotz Operation erneut ansteigen, erinnert er sich an all seine Ängste und wie er es geschafft hat, die Krankheit nicht nur zu besiegen, sondern gestärkt und voller Lust auf das Leben aus ihr zu entfliehen. Einfühlsam und ehrlich spricht er nicht nur über Furcht und Themen wie Impotenz an, sondern zeigt durch seinen eigenen Lebensweg, dass Krebs auch eine Chance ist. Eine Chance in ein erfülltes Leben und ein Wegweiser für eine glücklichere Zukunft, die ohne diese Diagnose so gar nicht möglich gewesen wäre. *172 Seiten mit Hardcover nur € 14,90*

3E-Zentrum Buocher Höhe

Mehr Infos erhalten Sie unter:

www.3e-zentrum.de

oder bei:
3E-Zentrum * Im Salenhäule 10 * 73630 Remshalden
Tel: 07151-9813-0 * Fax: 07151-9813-210